湖北省博物馆
长江文物研究
丛书

湖北省博物馆
HUBEI PROVINCIAL MUSEUM

钱红　主编

曾国故事

武汉大学出版社
WUHAN UNIVERSITY PRESS

湖北省博物馆
HUBEI PROVINCIAL MUSEUM

图书在版编目(CIP)数据

曾国故事／钱红主编． -- 武汉：武汉大学出版社，2025.5. -- 湖北省博物馆长江文物研究丛书. -- ISBN 978-7-307-24659-1

Ⅰ. K225.07

中国国家版本馆 CIP 数据核字第 2024JG3244 号

责任编辑:朱凌云　　　责任校对:汪欣怡　　　整体设计:马　佳

出版发行:**武汉大学出版社**　　(430072　武昌　珞珈山)

（电子邮箱:cbs22@whu.edu.cn 网址:www.wdp.com.cn)

印刷:湖北金港彩印有限公司

开本:880×1230　1/16　印张:8.25　字数:172 千字　插页:2

版次:2025 年 5 月第 1 版　　2025 年 5 月第 1 次印刷

ISBN 978-7-307-24659-1　　定价:96.00 元

1978年，曾侯乙编钟为代表的珍贵文物出土
让人们惊奇地发现，
2400多年前，随州一带有一个名不见经传、
礼乐文明高度发达的
曾国
曾国的历史如何？
曾国与文献记载的随国是什么关系？
"曾随之谜"
引发学术界关注
……
近40年的考古发掘
写就了辉煌灿烂的曾国700余年的历史
揭开了曾随迷雾

2025年，中国湖北随州曾侯乙编钟
入选
《世界记忆(国际)名录》

序

　　自宋以来，"曾"字铭文青铜器被陆续发现，出现过"鄫国"和"缯国"的探讨。然而，这些青铜器并非科学考古出土，缺乏系统的考古信息，无法使人们深入地认识曾国。1978 年湖北随州曾侯乙墓的发掘引发学术界关注，"曾随之谜"初露端倪。这个未被文献记载的曾国，究竟是一个什么样的国家？与文献记载的同一历史时期、同一疆域的随国是什么关系？曾国又拥有着怎样的故事？……四十多年的考古不断取得重大进展，基本构建了西周早期至战国中期较为完整的曾国历史，有关曾国的谜团也被逐一揭开。

　　曾国的历史远超人们的想象，丰富的考古资料显示，在周朝"南土"确有一个曾国，其历史悠久并一脉相承 700 余年。2011 年和 2013 年随州叶家山曾国公墓的发现，将曾国的历史推至 3000 年前的西周早期，这里出土的大量青铜器、漆器、玉器等文物，揭示出曾国是重臣南公的封国，扼守重要的南北交通要道——随枣走廊，是周王室控制南方铜矿资源、经略江汉地区的战略支点；在湖北境内的枣阳郭家庙、京山苏家垄等地发现了西周晚期至春秋早期的曾国遗存，此时的曾国疆域广大，占据着汉东、汉北直至南阳盆地一带的广袤区域，国力强劲，发达的文化面貌和中原基本一致，曾国进入辉煌状态，广交于汉淮地区的黄国、唐国、房国等诸侯国，并一度可与强大的楚国抗衡，与《左传》中"汉东之国随为大"的记载相符；"曾随之谜"的破解离不开 2009 年以来随州曾都区东北部文峰塔墓地的考古发掘，为重构曾国历史提供了新的线索。特别是曾侯與墓出土甬钟上的长篇铭文，成为破解曾国之谜的关键。160 余字的铭文中记录了"伯括上庸，左右文武，达殷之命，抚定天下""稷之玄孙""王遣南公""君庇淮夷，临有江夏""吴恃有众庶行乱乃加于楚""复定楚王"等重要内容，详细解释了曾国先祖南公伯括族源与族姓、受封原因、职能使命等关键信息及曾国救楚王的史实。出土器物铭文与文献相互印证，揭开了曾国之谜。

　　不得不提的是，湖北省博物馆馆藏的一件重要文物——楚王媵随仲芈加鼎，这件青铜器是楚王为嫁入随国的女子芈加精心打造的嫁妆，是罕见的"随"字铭文铜器，为谜团的解开再添铁证。2015 年以来，京山苏家垄遗址、随州汉东东路墓地、枣树林墓地等曾国考古工作不断取得新进展，曾国历史、曾侯世系日渐清晰，曾随之谜得到彻底破解。其中，枣树林 169 号墓墓主正是芈加，而其丈夫则是 168 号墓墓主曾国国君曾侯宝。结合叶家山"南公"铜簋、曾侯與甬钟、楚王媵随仲羋加鼎等关键文物及其铭文，延续 40 年的"曾随之谜"从此圆满地画上了句号。特别的是，春秋早、中期楚国女子羋克、羋渔、羋加先后嫁于曾伯、曾公求和曾侯宝，显示出曾楚联姻的历史，可见曾楚两国之间的密切关系。目前考古资料显示，晚于曾侯乙墓的曾国国君级别墓葬有文峰塔 18 号墓，墓主人为曾侯丙，表明曾侯乙之后的曾国仍维持了近百年。

湖北省博物馆高度重视社会教育工作与研究工作，以软硬件结合、馆校社结合、展教结合、线上线下结合的方式，不断创新社会教育内容与形式，建成开放全省首家以考古发掘和研究为特色的少儿体验馆，科学构建以"礼乐学堂"教育品牌为核心的社会教育课程体系，多个教育项目荣获全国大奖。研究发布了三年发展计划、三年展览计划以及七年建设总体方案，明确提出打造全国文博研究学术创新高地，系统构建以展览为核心的学术研究和社会教育体系，统筹做好"展览+社教、+学术、+文创"等工作，为推动创建最具人文关怀、最有温度的"中国特色、世界一流"博物馆提供支撑。

湖北省博物馆社会教育部创新推出依托长江文物资源出版通俗读物的形式服务广大观众备受欢迎。继首本"湖北省博物馆长江文物研究丛书"《楚人饮食》止式出版之后，第二本《曾国故事》带领一批青年教育人员，依托湖北省博物馆重要的原创精品展览《曾侯乙》《曾世家——考古揭秘的曾国》，查阅大量参考文献分工撰写，以通俗易懂的语言讲述 700 余年辉煌灿烂的曾国文化。《曾国故事》通俗读物将带您打开尘封的曾国，看到在中原文化与楚文化双星并耀的时代，曾国文化不仅是长江流域与黄河流域经济资源流通、往来的枢纽，更是长江中游与中原地区文化交流、交融的重要纽带，在中华文明进程中有着重要作用和特殊地位。您可以通过此书与先民进行穿越千年的对话，透过这个诸侯国的切面触摸历史，体悟中华文明的璀璨篇章。

是为序。

钱　红

目录

一 曾国华章

1978 年，被誉为千古绝响的曾侯乙编钟、商周青铜器的巅峰之作尊盘、先秦玉器的上乘之作十六节龙凤玉挂饰等 15000 余件工艺精湛、无与伦比的文物瑰宝在湖北省随州市曾都区（原名随县，以下称随州市）同一座战国早期曾国国君的墓葬——曾侯乙墓中被发掘出土，备受海内外关注。人们惊奇地发现，2400 多年前，随枣走廊一带有一个名不见经传、高度发达的曾国。这一时代，群雄并立，百家争鸣，世界上的主要古代文明均已达到了巅峰，被誉为人类文明发展的"轴心时代"。曾侯乙文物呈现了当时高度辉煌灿烂的礼乐文明，体现了古人敬畏天地、神明和祖先的丰富精神世界以及中国古代青铜铸造、天文历法、音乐艺术等方面的极高成就。

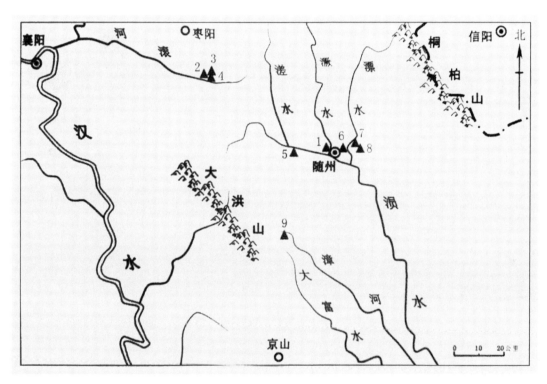

曾侯乙墓位置示意图

曾侯乙墓的发掘地随州市，位于湖北省的中北部，长江以北，汉水以东，距离武汉市西北 155 千米。在随州城关西北郊，有一处山峦起伏的丘陵地带，当地称作"擂鼓墩"，其东端的山包叫做"东团坡"。1977 年 9 月，解放军空军雷达修理所在平整东团坡红砂岩的山冈扩建厂房时，发现了一片青灰色的土，时任雷达修理所副所长的王家贵是位业余的文物爱好者，他怀疑此处有古墓，于是报告了有关文化部门。湖北省博物馆的专业人员到现场进行勘查和钻探，探明为一座大型竖穴木椁墓。1978 年 5 月 11 日至 6 月 28 日，著名考古专家谭维四带领全省近百名考古工作者经过一个半月的艰苦奋斗，顺利完成了曾侯乙墓的田野发掘工作。

地下宫殿

曾侯乙墓发掘现场和椁室全景

曾侯乙墓是目前我国发现的同类型古墓中规模较大的一座，呈不规则的多边形，东西长 21 米，南北宽 16.5 米，总面积达到 220 平方米，残存墓口至墓底深 11 米，估计平整东团坡不知道有古墓时，封土已被推掉 2 米。墓坑构筑在红砂岩的山头上，凿石为穴，171 根巨型、工整的长方梓木构成的墓葬椁室置于墓坑的底部，共计使用成材木料 378 立方米。椁墙四周及椁顶填铺大量木炭，估计用木炭在 12 万斤以上。椁顶木炭之上夯筑青膏泥，再覆盖一层大石板，石板之上夯筑五花土直达墓口。这种深埋、密封的葬俗以及长江流域较高的地下水位，使得 2000 多年后，墓中的青铜器、乐器、漆木器、玉器、金器、兵器等瑰宝，在接近中性水的保护下完好地呈现在世人面前，正如谚语所说"干千年、湿万年、不干不湿仅半年"。

古人有"事死如事生"的观念，曾侯乙墓椁室结构应该是墓主生前宫殿布局的缩影，分为东、中、西、北四个室，各室之间的底部通过一个个不足半米见方的门洞相连。东室宛如曾侯乙的寝宫，放置墓主人的主棺和 8 具陪葬棺，以及琴、瑟等丝弦类乐器，另有 1 具狗棺放在与中室相通的门洞附近；中室应该是举行大型祭祀礼仪和宴飨活动的庙堂，众多精美绝伦的青铜礼器、乐器，如著名的曾侯乙九鼎八簋、尊盘、编钟、编磬等礼乐重器成组成套，排列有序，都面向东室陈列摆放，而且很多器物底部有烟炱痕迹，说明是实用器，它们仿佛曾侯乙生前举办重大礼仪活动场景的再现；西室放置 13 具陪葬棺，类似于西后宫，应该是侍者或乐工居住的场所；北室属于兵器库，放置大量创新精良的兵器、车马器以及珍贵的竹简等，另有两件铸造规模较大的青铜尊缶出自北室，应该是犒赏三军用的酒器。

整理研究发现，"曾侯乙"三字铭文在这座墓葬出土的青铜器、乐器、兵器上标记了 208 处，而且都是作为器物的主人出现。尤其是中室发现的 65 件套青铜编钟之中，悬挂在下层正中的一件圆口镈钟格外引人注目，钟体正面的钲部有 31 字铭文："(唯)王五十又六祀，返自西(阳)，楚王(熊)章(作)曾侯乙宗彝，(奠)之于西(阳)，其永(持)用享。"

镈钟及 31 字铭文拓片

曾侯乙之寝戈

这段文字说明，镈钟是楚惠王为曾侯乙制作的宗庙祭器，铭文纪年是楚惠王执政的 56 年，即公元前 433 年，再结合墓葬形制、出土文物特征、放射性碳素测定的数据综合分析，这座墓葬下葬年代是距今 2400 多年前的战国早期。同时，东室主棺的东边发现了一件武器戈，上有铭文"曾侯乙之寝戈"6 字，应该是曾侯乙侍卫亲兵使用的兵器。因此该墓墓主应该是"曾侯乙"。"曾"是国名，"侯"是爵位，"乙"是名字，"曾侯乙"即战国时期曾国一位名叫"乙"的君主。尽管尸体已经腐烂，但是专家通过对其骨架进行鉴定，得知曾侯乙为男性，死亡年龄在 42—46 岁，身高约 1.62 米。

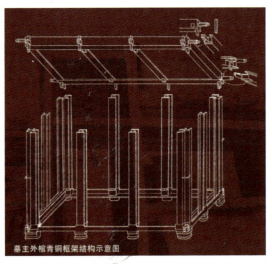

墓主外棺青铜框架结构示意图

曾侯乙主棺

曾侯乙的主棺分为内外两层，出土时内棺放在外棺的里面。内棺用巨型木料做成，出土时因常年浸泡在接近中性的地下水中，含水重约 2 吨。内棺在红色漆地上，用黄色、金色、黑色漆彩绘出题材丰富的纹饰。其中手持兵器的神兽，分上下两排伫立，神态威严，可能是古代王侯丧葬仪式中的方相士和百隶装扮的神兽，古人认为他们能够驱鬼辟邪，保护死者尸体免遭残害；还绘有人面鸟身、头生双角的神兽，其形象与《山海经》中水神禺疆的形象相符，古人认为他可以"镇水"，保护死者免遭水患；内棺上还绘有"土伯"和其他传说中的神人，古人认为他们有镇土避蛇的神力，能保护死者入土为安。其他龙凤、怪鸟等形象和窃曲纹、窗格纹等图案，反映了古人祈求神灵庇护死者并使之灵魂升天的愿望。

外棺属于青铜骨架的木棺，在我国还是首次发现。其体型庞大，长 3.2 米，宽 2.1 米，高 2.19 米，出土时含水重量约 7 吨。棺身设计制作更显别具匠心，先用十根工字形的铜立架形成框架结构，然后嵌十块巨型木板，再固定于底板四周的铜框上，棺盖四周侈出 12 个铜钮，棺底有 10 个圆形铜足，便于用绳索捆绑搬运、起吊与下葬。外棺以黑漆为底，用红色、金黄色彩绘纹饰，主要是旋涡纹、变形云纹、绹纹等，外棺内壁是素面红漆。不得不提的是外棺右下方有一个方形小门，它和内棺上的窗格纹寓意相同，象征门户，应该是供死者灵魂自由出入，反映了古人灵魂不死的观念。

陪同曾侯乙下葬的还有 21 名女性青少年，年龄最小仅 13 岁，最大 25 岁左右，陪葬者每人一副棺材，少有陪葬品，她们的身份可能是墓主人的嫔妃、侍者或乐工。

天地之序

《礼记·乐记》中说："礼者，天地之序也。"可见"礼"是古代的统治制度及社会秩序，其重要的物化载体是以鼎、簋为核心的青铜礼器。"国之大事在祀与戎"，古人认为，国家最重要的两件大事是祭祀与战争，它们都离不开青铜器。曾侯乙墓出土 134 件青铜器，另有青铜编钟等乐器以及青铜兵器等，总用铜量 10.5 吨。除 17 件青铜用具外，其余 117 件是青铜礼器。只有两件青铜大尊缶放置于北室，其余礼器出自中室，分为食器、酒器、水器。这是历年我国出土青铜器数量最多、种类最全的一次。这些礼器成组成套，排列有序，显然是按照墓主人生前的宴乐场景摆放，如此保存完好的陈放场面，在古墓的发掘中也是罕见的，见证了曾侯乙时代曾国的高度发达。

贵族在祭祀、宴飨等礼仪活动中，按照身份高低使用礼器，通过礼器的形制、大小、组合关系体现等级，如"天子九鼎八簋、诸侯七鼎六簋、大夫五鼎四簋、士三鼎二簋"等，用以"明尊卑，别上下"。作为一国之君的曾侯乙，最神圣、最重要的事情应该是举行祭祀、宴飨等仪式活动，用以祈求上天护佑、风调雨顺、国泰民安，长盛不衰。

九鼎八簋

镬鼎

一套保存完好的重要礼器九鼎八簋体现着曾侯乙作为一名诸侯国君的身份和地位。据《周礼》记载，在重要的礼仪活动中，九鼎内应分别放置未经调味的牛、羊、猪、鱼、腊肠、胃、肤、鲜鱼、鲜腊。曾侯乙墓出土的九鼎中，七件鼎内有牛、羊、猪、鱼、鸡的骨骼，两件鼎内没有骨骼，可能装的是动物内脏和肤，已腐烂。此套鼎内所盛之物与文献记载基本相符。簋是盛黍、稷等粮食的器物。墓内还随葬了两件镬鼎，是一种在重要的礼仪活动中烹煮牲肉的大鼎，出土时各盛放半边牛体的骨骼。祭祀礼仪中依据祭祀者和祭祀对象的不同，所用牺牲的规格也有所区别，天子可以使用牛、羊、猪三牲全备的"太牢"之礼；诸侯与大夫及其以下的人，只能使用没有牛而只有羊、猪的"少牢"。这些考古资料与文献记载不尽相同，可能是对曾侯乙生前功勋卓越的嘉奖。

镬鼎出土现场

吸取商人亡国的教训，周代饮酒之风不及商代，但是以酒为中心建立的一套仪式则有过之无不及。曾侯乙墓出土的酒器见证了这一历史。

联禁对壶

联禁对壶是一套礼器。出土时双壶放在铜禁上。禁是用来放置酒器的器皿，凸显了周人吸取商代亡国教训的实际行动，取名"禁"意味着禁止酗酒。铜禁以四只昂首张口的小兽为足，其玲珑的形象、力挺千钧的姿态与体积庞大的禁面和双壶形成强烈的视觉对比，被誉为力与美的完美结合。

大铜尊缶

大铜尊缶，墓中共出土两件，大小形状基本相同，是用来储藏酒的器物，类似于酒缸的用途。其中一件高 1.3 米，腹径 1.1 米，重 327.5 千克，储藏量约 0.8 立方米，是先秦青铜器中有数的几件重器之一，它也说明当时青铜铸造生产规模已达到相当可观的程度。

先秦时期的发酵酒容易变酸，冰冻则可保持酒的清醇。

鉴缶被人们称为古代中国的冰箱，曾侯乙墓共出土两件。它由鉴和缶两部分组成。缶放在鉴的正中，鉴镂空盖正中的方孔正好套住缶的口沿。缶底部有三个穿眼的圈足，鉴的底部安有三个弯形栓钩，正好插入缶底部的圈足里，中间一个倒钩装有活动栓，插入圈足后即自动倒下，牢固钩住缶的底部，使之不能移动。使用时，缶内装酒，缶的四周放置冰块，用以冰酒。《诗经·豳风·七月》："二之日凿冰冲冲，三之日纳入凌阴。"《周礼·凌人》记载："祭祀供冰鉴。"说明当时人们已懂得窖藏自然冰，并用于冷藏食物。鉴缶不仅设计巧妙，而且制作讲究。造型端庄凝重，周身满饰蟠螭纹，四个足是昂首张口的怪兽，镂空的盖是透雕的夔龙，这些都反映了古代工匠们高超的技艺。与之相配使用的长杆三角形器，三角斗下的小孔可用来过滤酒中渣物，是过滤器。

铜鉴缶

曾侯乙尊盘

镂空青铜尊盘是商周青铜器中最复杂、最精美的巅峰之作。它由尊和盘两件器物组成。尊的口沿是多层套合的镂空附饰，远看像云朵，玲珑剔透，实际是由无数条龙蛇所组成的镂空花纹，它们相互盘旋环绕，宛如在空中游动。尊的颈部攀附四只反首吐舌、向上爬行的豹，豹身也以镂空的龙蛇装饰，尊的腹部和圈足满是蟠螭纹和浮雕的龙，整个尊体共饰有 28 条龙，32 条蟠螭。盘的制作更为复杂，除口沿有和尊一样的镂空纹饰外，盘身的四个抠手也是由无数条龙蛇组成的镂空花纹。抠手下有八条镂空的夔龙。盘足为四条圆雕的双身龙，龙口咬住盘的口沿，造型生动、别致。整个盘体装饰龙 56 条，螭 48 条。

科学鉴定表明，这套器物集浑铸、分铸、焊接和失蜡法等多种工艺为一体，器物主体为浑铸，附件为分铸，其中尊和盘口沿的镂空附饰为失蜡法铸造而成，再根据不同部位分别用铸接、焊接、铆接等多种接合方法，将附件与主体结合。尊有 34 个部件，通过 56 处铸、焊连成一体，盘有 38 个部件，通过 44 处铸、焊连成一体。部件之多，焊接之繁，十分罕见。如此精美的器物不太实用，应该是显示使用者身份、权力和地位的艺术品。

祭祀、宴飨前，贵族要施沃盥之礼，通过清洁仪式来表示虔诚和敬畏。"沃"意为用匜浇水于手，"盥"是洗手的意思，盘用来承接弃水；匜鼎因器身像匜，三足似鼎而得名，是烧水的用具，同为烧水器物的还有小口铜鼎。圆鉴是储水器皿，铜镜没有盛行时，它还可以装水照容颜当镜子使用。

匜鼎

铜盘和铜匜

曾侯乙青铜器涉及生活的方方面面。牛钮盖鼎最为引人注目的是器盖顶部设计的牛形钮，生动写实、强壮有力，极具装饰效果。这类鼎是盛放经过调味的牲肉的食器，出土时鼎内存有牛、猪、雁等动物骨头，结合底部有烟炱痕迹，表明它们也兼具烹煮肉食的功用。簋在祭祀和宴飨时用于盛放饭食，盖子和器身形状相同，大小一致，上下对称，合起来成为一体，分开则为两个器皿。簋也与鼎相配使用，出土时四件铜簋与五件牛形钮盖鼎位置相邻，属五鼎四簋的组合，可能是一套曾侯乙在日常生活中使用的食器。

牛钮盖鼎

铜簠

铜鬲

铜甗

　　墓中还出土了煮食物的铜鬲，其袋状的三足因为是空心的结构，受热面积增大，易于煮熟食物。铜甗则是在祭祀或宴飨时蒸煮食物的炊具，曾侯乙的铜甗是在鬲上加扣了一件铜甑，使用时，下部的鬲煮水，甑盛放食物，因其底部设计有箅孔，用于通蒸汽，所以铜甗的功能类似当今的蒸锅。

　　铜盖豆是专门在祭祀与宴飨中盛放腌菜、肉酱等调味品的食器，功能类似于当今的味碟。全器镶绿松石形成华丽的花纹，既是实用器，也是精致的艺术品。

铜盖豆

炉盘出土时，上层盘内有一完整的鱼骨，经鉴定为鲫鱼，即喜头鱼。下层盘内有通风的镂空方孔，出土时盘内还有未燃烧尽的木炭。这种炉、盘相连的器物是古代煎烤食物的炊具。

青铜炉盘

9件小铜鬲中两件口沿放有匕，10件鼎形器，每件都配有一个小铜匕，是当时贵族进餐时使用的餐具。

另有烤火取暖的炭盆，调剂室内空气的铜熏，席地而坐用于镇压席子的铜镇等青铜器一应俱全，见证了曾侯乙国君的惬意生活。

小铜鬲

鼎形器和小铜匕

天地之和

《礼记·乐记》记载："乐者，天地之和也。"可使天地和谐的"乐"是维护当时统治服务的工具，其重要物化载体是编钟、编磬等乐器。曾侯乙墓的乐器组合，在祭祀、宴飨场合与其他礼器配合使用，彰显他的等级、权力和德行。可分为两部分，中室为庙堂乐器，包含编钟、编磬以及各种管弦、打击乐器共115件，再现各种祭祀、典礼、宴飨时恢弘壮丽的燕乐场景；东室寝宫放置的琴、瑟、笙、鼓等乐器10件，组成周代后妃在寝宫中为国君演奏的房中乐。房中乐不使用钟磬，而以管、弦为主，为歌诗伴奏，内容主要是歌颂先王、贤妃的德行，劝谏国君勤政爱民，祈求国泰民安。

"兴于诗，立于礼，成于乐"，音乐是周代贵族必备的修养，时代赋予钟、磬特别的政治内涵，金声玉振指钟、磬和谐悦耳的声音，用于形容人最高的品德、学识境界。周代出台了贵族享用钟、磬的悬挂规模和陈设方位的规定即悬制。悬制和鼎制构成了周代礼乐制度的核心内容。《周礼·春官·小胥》里明确指出："正乐悬之位，王宫悬，诸侯轩悬，卿大夫判悬，士特悬。"宫悬指四面悬挂，轩悬指三面悬挂，判悬指二面悬挂，特悬指单面悬挂。曾侯乙编钟、编磬分三面悬挂，符合"诸侯轩悬"的制度。

墓中出土的乐器共有9种125件，在我国考古史上是一次空前的发现，曾侯乙墓被誉为"地下乐宫"，为我国古代音乐史的研究提供了极为珍贵的资料。中国古代乐器按质地分为金、石、土、革、丝、木、匏、竹八类，称为"八音"。曾侯乙的乐器依据演奏方法可分为三类，即打击乐、弹拨乐和吹奏乐。

打击乐有鼓、编钟、编磬。最引人注目的是曾侯乙编钟，由大小渐次的65件青铜钟相编而成，是迄今为止，我国发现的100多套先秦编钟之中，规模最大，数量最多，铸造最精，音乐性能最好，保存最为完整的一套，被誉为华夏正音、编钟之王。曾侯乙编钟的钟架，长7.48米，宽3.35米，高2.73米。六个青铜佩剑武士和八个圆柱承托着七根彩绘木梁，构成曲尺形钟架。架及钟钩共246个构件。钟架分三层八组悬挂着65件青铜钟。上层为三组钮钟，19件；中层为三层甬钟，33件；下层为两组甬钟，12件。下层正中悬挂的一口镈钟是楚惠王送给曾侯乙的。最大的钟通高153.4厘米，重203.6千克；最小的钟通高20.4厘米，重2.4千克。钟架、钟钩、钟体上共有铭文3755字，内容为编号、记事、标音和乐律理论。铭文多数错金。镈钟铭文记述了楚惠王在政56年时送与曾侯乙宗庙祭器的事件。钟体上均有"曾侯乙作持"五字，标明钟的主人是曾侯乙。标音铭文标示了钟的悬挂位置、配件挂钩、敲击部位及其所发乐音的名称。

曾侯乙编钟最神奇的特点是一钟双音，按照钟体上的标音铭文所示，分别敲击钟的正鼓部

曾侯乙编钟

和侧鼓部，同一钟可以发出两个不同的乐音，而且两个乐音之间相差三度。比如，中层三组第五号钟，正鼓部标音为"羽"，侧鼓部为"宫"，分别敲击可以发出 la 和 do 的音。一钟双音的奥秘在哪里呢？沈括在《梦溪笔谈》中谈到了先秦钟一个显著特点。他说："古乐钟皆为合瓦。"所谓"合瓦"是说钟的形状如两片瓦合在一起。合瓦形钟体两侧有棱，两棱是两片瓦状的连接部，是钟体刚性最大的部分。钟体振动时要使棱部进入振动状态，需要很大的能量，因此编钟发音时，棱能对钟声起到阻尼作用，加速了钟声的衰减。敲击同一编钟的不同部位时，因为棱的阻尼作用不同，其振动模式有很大变化，这样就出现了一钟双音。而圆钟则无阻尼现象，无论敲击圆钟哪个部位，其振动模式一样，因而只能发一个音。要使一件钟发出两个不同的乐音，并且保持三度的关系，除了合瓦形的钟体以外，还需要进一步的技术处理和调音、调律。现代声学原理表明，板振动的特点是板的厚薄和大小影响音的高低。曾侯乙编钟钟体内壁上有凸起的音脊和凹陷的音隧，并且大多经过了研磨和刮削，这些便是当年工匠们留下的调音、调律的痕迹。除了用物理的方法调整钟声外，编钟的化学成分对钟的音色也有作用。实际检测曾侯乙编钟的青铜合金为锡青铜并含少量的铅。《考工记》中说："六分其金，而锡居其一，谓之钟鼎之齐。"意思是说用于铸造钟和鼎的青铜合金，要六份铜加一份锡。采用现代科技手段对编钟的合金比例进行分析表明，含锡量在 13%～16%，音色浑厚丰满，含锡量低于 13%，则音色单调尖锐。而曾侯乙编钟含锡量在 13% 左右，恰到好处。铅的含量对钟声的衰减有明显的作用，但含铅量过大，则对音色产生不良影响，因此曾侯乙编钟含铅量在 1.2%～3%，既保持了钟声的衰减较快以适应演奏的需要，又保持了音色的和谐。从以上的介绍可以看出，一钟双音是由多方面因素所致。与这套编钟一同出土的演奏工具共有八件。六个丁字形的小木槌，由三人各执一对，分别演奏中层的三组甬钟，并兼顾上层的钮钟。两件彩绘大木棒由两人各执一根，撞击下层的大钟，可配以和声，或烘托气氛。整套编钟低音浑厚，中音圆润，高音清脆，跨五个半八度，中心音域内 12 个半音齐备，可以演奏五声或七声音阶的多种乐曲。

曾侯乙编钟的 12 个半音即相邻两音的音高差距是不相等的。现代钢琴上的 12 个半音是相等的，这种情况在运用数学、物理学研究音高的学科即律学里称作"十二平均律"。十二律是一种划分八度的方法，将八度划分为 12 个单位，这些单位在律学里叫"律"，在音乐实践中叫"音"。以钢琴为参照类比，钢琴上一个八度包括 7 个白键音和 5 个黑键音，这就是十二律在钢琴上的反映。曾侯乙编钟也有与之对应的 12 个音。完整的十二律名最早出现在战国早期的《国语·周语》中，其初创应该在西周或更早。曾侯乙编钟证明十二律在 2400 多年前已经被运用于音乐实践。

磬在中国夏代已出现，与仪式有着密切关系，因而编磬也是重要的礼器。曾侯乙编磬共有磬块 32 件，出土时磬块多数已断裂侵蚀。复原研究显示，磬块由石灰石或大理石磨制，分上下二组悬挂于横梁之上，音色清脆明亮。这套编磬音域跨三个八度，十二律齐备。磬架是青铜铸造的，保存完好，以两个长颈怪兽为座，上面放置两根饰有错金花纹、两端透雕龙形的圆杆为横梁，使我们了解到当时编磬的排列及悬挂方式。与编磬一同出土的还有演奏编磬的两个木槌，装磬块的漆木匣 3 件，用于储藏磬块，可装磬块 41 件。磬槽前刻有编号，匣盖上刻有按照音列放置磬块的说明文字。

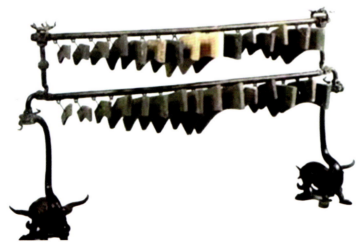

曾侯乙编磬

曾侯乙墓出土鼓 4 件，都是木腔双面鼓，分为悬鼓、建鼓、扁鼓、有柄鼓。出土时鼓面已腐烂。

建鼓属于打击乐器，因鼓之贯柱而得名。墓中的建鼓由一根长木柱直贯鼓腔并固定于青铜鼓座上组成。鼓腔为木质，经鉴定所用木料为枫杨。出土时，鼓皮已腐，仅存鼓腔、贯柱及鼓座，鼓腔髹红漆，色彩十分鲜艳。建鼓过去仅见于战国和汉代的青铜纹饰和石刻画像，此件是最早的实物。鼓座为青铜铸造，重 192.1 公斤，远看似一团熊熊燃烧的火焰，近观是纠结缠绕的群龙形象，由八对主龙及攀附其身、首、尾的数十条小龙组成，圆形的底座上还设计了用于插建鼓的空心圆柱。整个鼓座的铸造采用了分铸、铸接、焊接结合的方法，先分别铸出底座、主龙和小龙、空心圆柱，再通过铸接和焊接将其结合在一体，又以绿松石镶嵌，精美绝伦，是迄今所见最精美的一件先秦建鼓座。

彩漆木雕鸳鸯形盒出自西室陪葬棺，腹部被凿空，背部有盖，头可以转动，全身绘有美丽的羽毛纹，栩栩如生。特别值得一提的是，鸳鸯形盒两侧腹部有彩绘的撞钟击磬、击鼓跳舞的图案，为我们研究此墓乐器的演奏方法提供了形象资料，相当于乐器的使用说明书。

建鼓座

彩漆木雕鸳鸯形盒及纹饰

彩漆木雕梅花鹿

瑟

彩漆木雕梅花鹿出土时与笙、瑟放在一起，鹿身为整木雕成，头上插真鹿角，作俯卧状，前腿跪曲，后腿弯曲，各部分雕刻逼真，全身黑漆，饰瓜子形圈点纹。鹿身上的方孔，可能用来插小木鼓。

弹拨乐器包含琴、瑟等。曾侯乙墓出土瑟共12件。25弦瑟的尾端浮雕有龙蛇的形象，侧板有彩绘的凤鸟图案。十弦琴由一块整木雕成，内腔凿空形成共鸣箱。五弦器上有精美花纹，尤为引人注目的是其背面的人形纹饰，人作蹲状，面部有大鼻梁，月牙形的大嘴上翘，双目倒挂，两耳处各有一龙，胯下有双龙，可能是《山海经·大荒经》所叙夏后启上天得乐的写照和黄帝命伶伦仿凤鸟定十二律的故事。有专家认为五弦器为"均钟"，是为编钟定音的工具，其功能相当于现在的音叉和校音器。它既是实用的乐器，也是华美的工艺品。十弦琴和五弦器在我国还是首次出土。

十弦琴和五弦器

篪

曾侯乙墓中出土吹奏乐包含篪、排箫、葫芦笙等。

《诗经》有"伯氏吹埙，仲氏吹篪"的诗句。篪是外形类似笛子的乐器，但与笛子不同，篪有七孔，吹孔、出音孔向上，五个指孔向外。它的持握方法与笛子不同，是双手横握，手心向内，举于胸前。曾侯乙篪的出土，使这一古老的乐器重新与世人见面，其演奏方法也为世人所知。

笙属匏类乐器，匏即葫芦。彩漆笙共出土六件，笙斗是用葫芦做的，笙管为长短不一的细竹管，管中发现了竹制的簧片，簧片依据笙管不同而有大小之分。可见当时笙的制作和调音已十分精细。曾侯乙笙是目前所见中国匏制笙中最早的实物。

排箫是我国最古老的乐器之一，又称"参差"或"箫"。曾侯乙墓出土排箫2件。均由13根长短参差的竹制箫管经三个竹夹缠缚而成。其中一件出土时有八个箫管仍能吹奏出超过五声的乐音。

排箫与彩漆笙

精妙绝伦

高度发达的礼乐制度反映了科学技术和文化的繁荣。

曾侯乙时代青铜制作技术突飞猛进。曾侯乙青铜礼乐器主要采用范铸法包括浑铸、分铸相结合的方法，并运用铸接、铸焊、铸镶、铆焊等方法联接起来。

曾侯乙编钟全面反映了当时冶铸科学的水平。研究表明，青铜合金配比、钟体形制与尺寸、钟枚分布等都能对编钟音响产生影响。仅仅铸一件有枚甬钟，就需用范 136 块之多。经检测，编钟青铜合金的含锡量在 12.5%～14.6%，铅在 1%～3%，与文献记载相符。含锡小于 10.7% 钟声单调而尖锐，大于 25% 钟体韧性下降，易被击破。而适当的含铅量 0.6%～2.88%，利于声音衰减，改善音色。这种运用合金比例控制音色的技术令人叹为观止。

曾侯乙青铜器铸造技术广泛运用了较先进的印模法制作浮雕、平雕纹饰，填以各种几何纹饰构成复层花纹如镬鼎、大尊缶、鉴缶等纹饰。一些器物附件上则多用阴刻、圆雕、镂空等技艺，不少器物采用了错金、镶嵌绿松石、铸镶红铜纹饰等，集中反映了当时青铜加工工艺水平。

曾侯乙墓共出土 4 件盥缶。2 件镶嵌绿松石，因年代久远加上墓葬饱水环境等因素，出土时绿松石多已脱落；另 2 件以铸镶法形成红铜纹样。所谓铸镶法，是将预先制作的熔点高的红铜纹饰放置范内，然后再浇铸熔点较低的青铜溶液，形成类似镶嵌的装饰效果。

红铜盥缶

鹿角立鹤出土时在墓主人的主棺旁，头向南方，昂首伫立。中国古代视鹤、鹿为神鸟、瑞兽，此件鹿、鹤合体，是一种沟通人、鬼、神的灵媒，可能用以引导曾侯乙灵魂升仙。它的角、翅、身、足以及足下带环的方座都是分别铸造，然后组装成这一完整形象。经无损检测，细长轻盈的鹤颈、鹤腿均为空心，从材料力学上看，这种设计比实心的受力效果更佳。

曾侯乙尊盘堪称商周青铜铸造工艺最杰出的代表。尊与盘口沿部位错综复杂、玲珑剔透的镂空纹饰使用了失蜡法，先用蜡做模，随后用耐火的细泥浆反复多次浇淋在蜡模上，待干后使之硬化形成外范，然后焙烧。蜡模遇热融化流出，范内形成空腔，最后浇铸铜液形成铸体。考古发现最早的失蜡法铸件是河南淅川下寺春秋晚期楚墓中出土的铜禁上的部件。曾侯乙尊盘的失腊法铸件，年代晚于淅川铜禁的年代，但其工艺更为高超，证明在 2000 多年前，我国已经开始使用失蜡法铸造青铜器，而且造型艺术和铸造技术都达到了炉火纯青的境界。

鹿角立鹤

彩漆木雕龙凤纹盖豆

透雕漆禁

漆器在我国使用的年代很早，考古发现，距今8000年左右历史的跨湖桥遗址里已有漆器。因不易保存，战国以前的漆器仅有零星发现。曾侯乙墓出土的漆木竹器不计漆木乐器、兵器的杆、盾、漆甲胄等共有230多件，是先秦墓葬中出土最多的。器类有杯、盘、勺、豆等食具，盒、箱、梳、架等用器，俎、案、禁、葬具漆棺等仪式用器。制作特点较为厚重，多是剜凿而成。以食具为例，没有楚、秦、汉墓中常用的卷制、镟制。纹样风格是既有简练的线条勾勒又有精工彩绘的神话故事，如在漆棺和鸳鸯盒上绘制的漆画，呈现出融合中原和南方文化的艺术特点。

透雕漆禁用于盛放物品。禁面由整块厚木板雕凿而成。禁面阴刻云纹，四角各浮雕两龙，四腿圆雕成兽形。禁座绘云纹、草叶纹，兽形禁足绘鳞纹和涡纹。全身以黑漆为地，朱绘花纹。浮雕兽面纹漆木案，案面浮雕兽面纹，案腿设计为鸟形。彩漆木雕龙凤纹盖豆是盛放腌菜、肉酱等调味品的器皿。盖和双耳浮雕的盘龙，有角有目，有鳞有爪，加上鲜艳的彩绘，犹如跃动在云彩间的游龙，十分生动。

素漆酒具箱内装耳杯16件，圆木盒1件，小木盒4件，木勺2件，竹架2件。另一食具箱内装铜鼎、铜盒、铜罐、铜勺等，铜鼎装肉，铜盒装饭，铜罐装酒。从箱内容积不大、器物放置有序以及箱上用于拴绳的铜扣来看，酒具箱和食具箱可能是曾侯乙生前外出时所使用的野餐用具。

彩漆木架与墓主主棺同处东室，它是以两根圆木饼为底座，座上的两根圆木柱上搁放一根木梁，梁的两端雕有上翘的兽首。全器髹黑漆，再用红漆彩绘花纹。两根立柱的纹饰不同。出土时木架已垮，架上未发现其他物品，可能是衣架。

玉首漆丈出自东室，保存完整。先秦时期仅尊者、老者可以持杖。

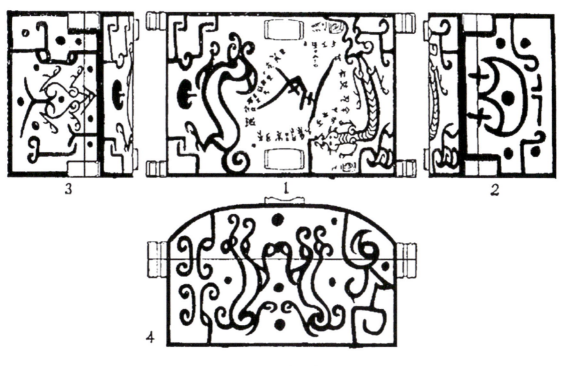

二十八宿衣箱

曾侯乙装衣服用的漆木衣箱上发现了中国天文学史研究的珍贵资料。

二十八宿图衣箱上绘制的星空是曾侯乙时代天文学智慧的结晶。在衣箱盖盖顶左右两侧分别绘制四象中的两象青龙和白虎，代表着东方和西方。衣箱盖正中部有一圈秀丽规整的小字，是角宿、亢宿、氐宿等二十八个星宿的名称。二十八星宿是一个天文学概念，先民为了方便观测太阳、月亮和金、木、水、火、土五大行星的运转，将黄道和天赤道附近的 100 多颗恒星划分为 28 个不等区域，作为观测星象的坐标。箱盖正中间有一个醒目的文字——篆书的"斗"字，代表北斗七星，"斗"字笔画的末端，向外延伸，刚好指向四个不同的星宿，再结合星象图右上角所书写的四个小字"甲寅三日"，通过核对古历，证明了这幅星象图所表示的时间正好是公元前 433 年农历正月初三的傍晚。这一天在月相上叫"初吉"，是一个非常吉利的日子，是万物复苏的立春时节，人们在这一天举行"籍田礼"，天子和诸侯需亲自手持农具耕田，为百姓示范，以劝民务农，因此二十八宿还是古人安排农事、制定历法的重要依据。观察天象、确定农时、祈求丰收是古代国君最为关心的国事之一。

"斗转星移"形容季节变换、时光流逝，这来自古人对北斗与二十八宿的互动关系的认识。古代中国是一个以农耕经济为基础的文明古国。对于种地来说，重要的事情之一便是选择合适的播种时间。一开始先民依靠"虫叫草长"来确认合适的时间点，但是这些都不太可靠，后来慢慢发现通过肉眼观察日月星辰的位置和变化，在掌握它们的运行规律后，可用以确定春耕播种的时间。二十八宿图衣箱上表现的"斗转星移"的关系，只有在纬度偏北的黄河流域才能观察到。这证明 2400 多年前中国已形成自己的二十八宿体系。

弋射是指周代贵族使用弓箭猎取飞鸟。弋射图衣箱盖面绘制了两幅弋射图，边缘还绘有两条反向互相缠绕的双首人面蛇，可能是传说中的伏羲和女娲。箱面有漆书 20 个字："民祀唯房，日辰于维，兴岁之驷，所尚若陈，琴瑟常和。"表明曾侯乙祭祀百姓崇拜的房宿，房宿一共四颗，它们一字排开，像四匹驾车的马，也称"天驷"星。它们在立春日拂晓出现在正南，是黄河流域春耕生产开始的标志。人们认为房宿是保佑农业风调雨顺及丰收的农祥星。这些图案与文字是当时"以民为重"观念的写照，也是研究中国古代天文学的重要资料。

弋射图衣箱

金盏

　　在已发掘的先秦墓葬中，很少发现金器。曾侯乙墓中出土的金器数量较多，经过检测，这批金器的含金量在 85%～93.6%，总重量 8430 多克，是目前发现葬金数量最多的先秦古墓，包含金盏、金杯、金弹簧形器、金镇、金箔、金带钩等。

　　金盏是先秦金器中最大最重的一件容器，重 2156 克。其制作十分讲究，盖上饰几圈蟠蛇纹、绚纹和云雷纹，器口沿下饰一圈蟠螭纹，三足作倒置的凤首，纹饰和器形都很美观，是一件难得的艺术珍品。出土时金盏内放置镂空漏匕一件，重 56.45 克。墓内出土金杯一件，无纹饰，重 789.93 克。金带钩四件，其造型为鹅首，曲颈扁啄，惟妙惟肖，是一种服饰用品，用于钩挂束腰的革带，功能相当于皮带扣。金镇属于用器，镇顶有环钮，器身饰变形龙纹、重环纹、变形龙凤纹、云纹等。曾侯乙墓出土金箔 900 余片，原用于器物表面装饰，出土时已散落。多数有压印的花纹，花纹繁缛细腻。

　　金弹簧形器出土时缠绕在纺锤形的器具上。古人将黄金抽成直径为 0.2 毫米的金丝，再卷曲成有一定韧性的弹簧状，说明当时抽丝制簧技术已达到很高的水平。以往在先秦墓葬中未出土金弹簧形器，其用途有待研究。

　　"古之君子必佩玉"，贵族佩戴玉器象征权力地位，同时"以玉比德"，彰显君子美德。贵族身份越高，佩戴玉器就越多。曾侯乙墓出土玉器 300 余件，主要放置于棺内墓主人的身上，保存完好，可分为佩饰、实用玉器和葬玉三类。佩饰有璧、环、玦、璜、方镯、佩、挂饰、剑、管、带钩、人像、串饰等。璧 67 件，大小不

金弹簧形器

一，形制各异，或圆形或附双龙形象；璜 49 件，往往成双成对。实际上佩饰玉器既可佩戴，也可用于礼仪活动。佩戴时也可将多种佩饰玉器串成"组佩"使用，礼仪用玉则多为璧、璜、琮等。实用玉器有扳指、梳、长条刃器。扳指使用时套在手指上便于扣弦射箭。

葬玉是专门用于敛尸的玉器，其作用是保护尸体。古人相信"金玉在九窍，则死者为之不朽"。此墓出土的葬玉有琮、口塞、握、玉片、残器、璞料共 64 件。21 件置于墓主人口内的玉琀，每件圆雕成牛、羊、狗、猪、鸭、鱼等形象，器小如豆，形态逼真。每件作品不仅雕出其形，而且刻画入微，如牛角、猪鬃、鸭翅、鱼鳍等无不栩栩如生。似有祈祷五谷丰登、六畜兴旺之意。

玉琀

经检测，曾侯乙墓出土的玉器属软玉，可能产自新疆和田。玉质细腻却不同程度的带有瑕疵。其玉器造型既有扁平体的璧、环、玦、璜，也有立体圆雕的人像、动物，在设计上依玉料形状而巧妙设计。曾侯乙十六节龙凤玉挂饰、四节龙凤玉佩等器代表了当时玉器工艺的最高水准。

十六节龙凤玉挂饰

十六节龙凤玉挂饰长48厘米，宽8.3厘米，厚0.5厘米。制作时先将玉料按所需的节数，从不同的方向切成连而不断的小块，然后在每两块未断处镂成一两个可活动的环套，将相连各活环以外未断的玉片剖断，做成此器。这件玉器由活环将多片玉块相连，既可展开，又可折合相叠。它的制作经历了切割、打孔、镂雕、琢刻纹饰等多种工艺。玉雕镂空法早在我国新石器时代就已经出现，但用多块玉料以活环连接成一件多节玉器，却为仅见。

四节龙凤玉佩由一块玉料雕琢成可以活动卷折的4节，共雕刻出7条卷龙、4只凤鸟和4条蛇。此器出自墓主腹部，器形与众佩不同，可能是单独佩戴的。

中国古代俗称玻璃为料器，有本地产的，也有来自西亚地区的。曾侯乙墓出土的料器有水晶环、紫晶珠和料珠。料珠均较小，珠上有若干个"蜻蜓眼"，围绕"蜻蜓眼"有若干层"眼圈"，珠中穿一孔，孔壁直，属串珠饰。料珠化学成份为 SiO、Ca、Na 等，与西亚地区的料器相同。

四节龙凤玉佩

料珠

墓中出土的纺织品主要有纱、锦、绢、绣四种。纱是桑蚕丝和麻的交织品，是首次发现的我国最早的混纺织物。锦为单层暗花织物，与传统的多色重经提花汉锦不同，属目前首见。龙纹绣，采用的是"锁绣法"在绢上制成的刺绣品，绣纹为一首两身的龙，线条流畅活泼。因自然褪色和积水浸泡，纺织品出土时主要为黑色和棕褐色。

兵器创新

　　春秋战国时期是我国历史上一个重大的变革时期，诸侯之间的战争和兼并十分频繁。当时各国都把战争视为与祭祀一样重要的大事，因此各国都十分重视兵器的改良和创新。曾侯乙墓中出土的大量兵器就可以说明这一点。尽管我们目前还不太了解曾国的军事活动，但从墓中出土的兵器可以看出，当时盛行车战，多用长杆兵器和射远兵器作战。此墓出土的兵器有戈、矛、戟、殳、弓、箭镞、盾、甲胄等4700多件。除皮革制作的甲胄、盾外，大部分保存较好。兵器主要出自北室，北室内各种兵器重叠堆放，宛如古代的兵器库。

　　防护兵器有盾、甲胄等。墓中出土盾49件，盾面为皮质，盾柄是木质的，正面髹黑漆，背面有繁复细致的彩绘图案。武士甲胄出土时已散乱，能复原的只有13套。每套由201块各式皮革甲片经丝带编缀而成。皮胎外髹深褐色漆或黑漆。甲片中部凸起或呈弧形。每套甲胄分胄、身甲、袖甲、裙甲四个部分，保护武士的头、身躯、四肢。甲胄设计科学，武士穿戴方便，活动自如。甲胄的制作复杂而考究。据《考工记》记载：首先是选料，接着按要求裁剪，然后模压定型，最后打眼编缀、髹漆。甲片因编缀于不同的部位，形状各异，因此，每套甲胄至少需要模具46副。

武士甲胄和马甲胄

盾

春秋战国时期，战争非常频繁，盛行车战，马在当时的作用异常重要故而备受重视，曾侯乙墓中发现了大量的马衔、马镳、马配饰等器物。马胄由整块皮革模压而成，内外髹黑漆，外部还有彩绘，主要是用来保护马头。马胄、马甲出土时皮革已朽，仅存漆皮。甲片是皮胎，经压模成型后髹漆，描绘花纹。

马衔　马镳

车軎是套在车轴两头的外挡，用于防止车轮滑出车轴。假设每两件车軎代表一辆战车，墓中出土车軎76件，象征着有38辆战车陪葬。最有特点的是两件矛状车軎，在战车的车轮外装上如此锐利的"矛"，作战时增加了冲锋陷阵的杀伤力。

与当时盛行的车战相配用的武器应该是射远兵器和长杆兵器，方能起到杀伤敌人的作用。

车軎

曾侯乙墓共出土弓55件，除1件单体弓外，其余都是复合弓。复合弓由3块木片叠合而成，在长弓片的叠合处，另叠加短弓片形成弓弣即手持弓处，又以丝线缠绕加固；弓的两端装配有角质弓弭，其上的挂弦沟槽清晰可见。

箭镞是射远兵器，墓中共出土4507枚，包含三棱形、双翼形、方锥形、圆锥形等多种式样，至今仍很锋利。有的三棱形的箭头上铸有倒刺，以3倒刺和6倒刺居多，最多的可达9个。这种带刺箭头射中后不易拔出。圆锥形的箭头不锋利，应该不用于实战，可能是平时"打靶"时用的"练习弹"，即古代文献记载的"志矢"或"投壶之矢"。出土时部分箭杆保存完整，箭头连同箭杆长70厘米左右，大约50支成捆放置。

矛状车軎

曾字徽记三戈戟

周代五兵有戈、戟、殳、夷矛、酋矛。夷矛是矛杆较长的兵器，用于车战，"夷"是夷灭敌人之意。酋矛是矛杆较短的兵器，为周代五兵之首。

曾侯乙的戟计30柄，兼具勾、啄、刺、割四种功能。有一部分戟为戈矛合体，也有多件戈组成的无矛的戟。古书记载："戟——枝兵也。"以往常见的戟是一件矛头和一件戈同在一根长杆上。曾侯乙墓出土了两件戈和三件戈同装在一根长杆上的多戈戟，这是过去所未见到的新兵器品种。其中一件三戈戟上有精美的图案，由四条龙两两相背，上下排列，中间为"十"字形，这个图形与"曾"字相似，可能是曾国的国徽。

殳

殳是刺兵，是此墓中的重要发现之一。我国古代文献上常常提到殳是周代的五兵之一，但是其形制却说法不一。刻有"曾侯钺之用殳"铭文的兵器出土，结合墓内竹简记载得知，殳有两种形制：一种是无刃殳，以呈铜套状的镦安装于柲两端，称为"晋殳"，它主要用于仪仗或在战车上作旗杆之用；另一种是三棱状有刃的殳，称作"锐殳"，杀伤力极强。曾侯乙墓中殳的出土解决了长期以来有争议的问题。

长兵器的柲即杆子，通常有2~3米长，最长4米多。如此长的杆子单纯用木头容易断，用竹子容易弯，用铜太笨重。墓内出土长兵器的杆子属积木竹柲，即以长木杆为芯，外表附长竹条，竹条外用藤条缠紧，然后髹漆。此工艺制作的长兵器柲，集木、竹、丝、藤、漆特长为一体，既能伸直不断，又较轻便，具备一定的弹性，达到平滑坚韧、刚柔相济的效果，适用于车战。该墓出土的短戈、短矛，其杆子在1.3米左右，主要供步卒使用。曾侯乙墓长短兵器并出，印证了古代兵家所说"长以卫短，短以救长"的军事智慧。

曾侯乙墓竹简属遣册，即随葬品的清单，出自北室兵器库，共240枚，是目前所见时代最早的竹简实物。简长多为70~75厘米，简文为墨书，每简字数不等，总计6676字。字迹大多清晰可辨。简文详细记载了用于葬仪的车马兵甲，包括车马以及车上的配件、马用器具、武器、甲胄和驾车的官吏等内容以及随葬木俑等其他物品的情况。所记车马有墓主人自备的，有他人赠送的，不少为楚国王公贵族所赠送。简文中有些官名与楚国官名相同，反映出曾、楚关系密切，是研究古代赠礼治丧即赠赗制度以及车马制度的重要资料。

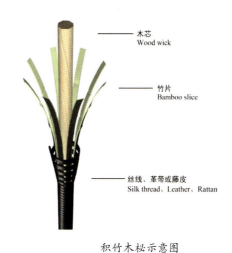

木芯
Wood wick

竹片
Bamboo slice

丝线、革带或藤皮
Silk thread、Leather、Rattan

积竹木柲示意图

曾侯乙竹简

玉首铜削通长 28.6 厘米，柄与玉环钮连接处设计制作呈龙首形，龙首上镶嵌绿松石，玉环两面雕刻云纹。与其他铜削都属于文书工具，用于削去竹简上的墨书错误。

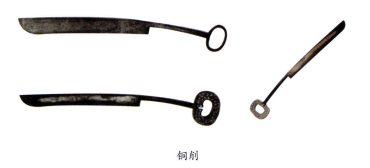

铜削

　　曾侯乙墓出土的文字资料十分丰富，包含竹简和各种器物上的铭文、刻文等总计 12696 字，是一批十分宝贵的先秦历史资料，也让 2400 多年前一个名不见经传又拥有繁荣发达礼乐文明的曾国呈现在世人面前。尤其曾侯乙编钟，铭文与声音相互印证，构成了迄今所见公元前 5 世纪世界范围内唯一的有声文献。实证了中国编钟"一钟双音"的声学创造和十二律体系，改写了世界音乐史，堪称一部先秦宫廷音乐理论和实践的系统总结，是当之无愧的"世界记忆"！

二 曾随迷雾

湖北随州曾侯乙墓出土的文物反映出公元前五世纪我国拥有辉煌灿烂的礼乐文明。如此繁荣发达的曾国，史书上几乎找不到有关它的记载。对于这个神秘的曾国，学术界进行了长期的探索和研究。

迷雾初现

"曾"作为地名，最早出现在殷墟卜辞中。商代殷墟卜辞中有商王"左从曾""王阜于曾"等记载。"乙未卜，贞立事于南，右从我，中从與，左从曾。十二月。"这是商王武丁征伐南国荆楚时"左从曾"的记录。商朝的军队有右、中、左"三师"的编制。这段记载中"从"指的是率领，"我""與""曾"都是方国名。这是商王武丁亲自率领商军三师分别在"我""與""曾"三国的配合下，对南方地区的一次重大军事活动。卜辞说明，商王可以率领、命令曾国的军队参与征讨其他方国的军事活动，由此可见曾国与商王的臣属关系。

那么卜辞中的"曾"在哪里呢？河南方城的姒姓缯国，是地处中原通向"南土"的必经要道。因此，卜辞"左从曾"中的"曾"指的是姒姓缯国，其地理位置在今河南方城县一带。历史文献记载也表明，从夏代到战国初期，河南省方城县境内一直存在着缯国。《世本》中记载："曾氏，夏少康封其少子曲烈于鄫。"夏代少康有九子，曲烈为其次子。这段记载说明从夏代开始就有了缯国，为姒姓，是夏禹的后裔。《国语·郑语》中有关于缯国地理位置的记载："缯，申之与国也。"说明西周时期缯国与申国比邻。

方城古缯国遗址

北宋时期，金石学著作《金石录》中就有对曾国青铜器的记录，但并无深入研究。宋人薛尚功《历代钟鼎彝器款识法帖》有著录"曾师盘"和记载周王南征经过曾国的"中甗"，不过当时"曾"字未被释读出。清代金石学家阮元在《积古斋钟鼎彝器款识》中，收录了"曾伯簠"和"曾仲盘"，同时阮元指出，这里的"曾"应该是春秋时期位于今天山东兰陵一带的鄫国。"鄫国"在先秦典籍中频繁出现。《春秋·僖公十四年》记载："夏六月，季姬及鄫子遇于防，使鄫子来朝。"《左传·鲁宣公十八年》载："秋七月，邾人戕鄫子于鄫。"据文献记载和古注可知，鄫国是地处今山东兰陵一带的姒姓小国，鲁襄公六年（公元前 567 年）被莒国所灭。考古证实，鄫国故城遗址在今山东兰陵县（原苍山县）向城镇境内。

鄫国位置图

春秋时期，鄫国最早臣服于鲁国，国君鄫子娶鲁僖公女儿为妻。后来鄫国被东方淮夷侵袭，鄫国向齐桓公求救。齐桓公专门召集诸侯在淮地会见，并且发动诸侯为鄫国加筑城墙。齐桓公死后，宋襄公想成为新的霸主，兵临东夷地区，迫使曹、邾两国会盟于曹南，又让邾文公拘捕了鄫国国君。宋襄公将鄫国国君用作祭品，祭祀睢水（泗水的一条支流，流经豫鲁苏边界）边的社神，以此来要挟东夷各国臣服朝会于宋国。邾国、莒国又相继控制鄫国。最后，公元前 567 年鄫国为莒国所灭。由此可知，这个"鄫国"的历史定格在公元前 567 年。而 1978 年出土的曾侯乙编钟当中有一件铸有 31 字铭文的镈钟，根据铭文内容得知这件镈钟为楚惠王五十六年即公元前 433 年由楚王赠与曾侯乙的，显然，曾国的历史文明直到战国早期还处于高度发达的时代，也足以证明"鄫国"非"曾国"。

20 世纪 30 年代遭军阀盗掘的安徽李三孤堆楚王墓，经过考古专家确认，墓主就是楚国晚期国君楚幽王熊悍。墓中出土了一对"双胞胎"青铜器，它们的出土更是直接证明了神秘古国——姬姓曾国的存在。根据铭文，专家将这两件青铜器命名为"曾姬无邖壶"。

这是一对带盖圆角垂腹方壶，器型高大，通高 1.24 米。整体呈椭方形，长颈、垂腹、方圈足，颈部有一对龙形耳。盖顶有四个"S"形钮。颈部饰仰叶纹及两条蟠虺纹饰带，腹部以"十"字形凸带分成八个区间，上部四个区间填饰蟠虺纹，下部四个区间为素面无纹。器物造型生动，纹饰繁缛，体积巨大，气势雄浑，是东周楚系青铜器的代表作。据专家考证这对青铜壶为楚宣王（公元前 369—前 340 年）年间所铸。

在壶口内壁铸有铭文五行三十九字："唯王廿又六年，圣走亘之夫人曾姬无邖，吾安兹漾陵蒿间之无匹马，用作宗彝尊壶，后嗣用之，职在王室。"铭文内容具有极高的史料价值。

铭文中的"曾姬无邖"是战国初年楚声王的夫人，楚声王是楚惠王的孙子，那么这个"曾国"的历史至少一直延续到战国初年。更为关键的是，她的父姓为"姬"，这表示她绝对不会来自姒姓缯（鄫）国，表明当时一定还存在另外一个姬姓曾国。受此启发，郭沫若在《两周金文辞大系》中第一次提出"曾"应该为"楚之邻国"曾国。至此，学者已经开始认识到，应该存在一个与楚国毗邻的"曾国"，但是，当时关于曾国的青铜器都是零星出土的，还没有一处经过科学发掘的曾国遗址或墓葬。

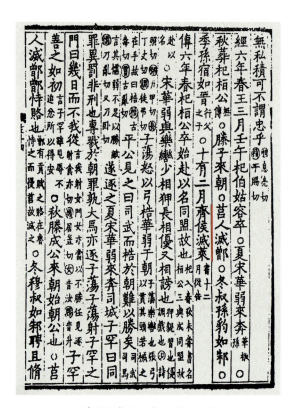

《春秋》襄公六年：莒人灭鄫

曾姬无邖壶

曾国寻踪

中华人民共和国成立后，开启了曾国考古发掘新的时代，解开曾国之谜这一历史疑团迎来了一次次突破性进展。

1966年7月，在湖北荆门市京山县（今京山市）苏家垄开挖郑家河水库干渠时发现了一批珍贵文物有青铜鼎、盘和车马器等，共计97件。这批青铜器有鼎、鬲、甗、簋、豆、壶、盉、盘、匜等，时代约为西周晚期至春秋早期，具有极珍贵的考古价值。这批青铜器在鼎、豆、壶等6件铜器上均有"曾（侯）仲斿父"铭文，斿父应该是器物群的所有者，其国属为曾，2件鼎铭为"曾侯中子父自作彝"，2件豆铭为"曾仲父自作宝甫"，2件方壶铭为"曾仲父用吉金自作宝壶"。

令考古学家十分欣喜的是，苏家垄遗址中出土了一套九件大小渐次的青铜鼎，为中华人民共和国考古首次发现的文献中记载的列鼎。九鼎在周代礼仪制度中代表着最高等级。通常天子为九鼎八簋，诸侯为七鼎六簋，卿大夫为五鼎四簋，士则为三鼎二簋。苏家垄出土的九鼎七簋代表这里埋葬着一位等级极高的曾国贵族。

成组的带有"曾"字铭文的青铜器在湖北京山的发现，确定了曾国在随枣走廊一带的存在，是首次在考古界确认了湖北境内存在着一个曾国。至此，考古界对于"曾国"的认识似乎一步步在接近正确答案。

曾仲斿父壶目前有两件，一件收藏于中国国家博物馆，另一件现藏于湖北省博物馆。曾仲斿父壶通高66厘米，重达32千克。壶肩有两个伏兽衔环，体型扁方。有盖，盖上有高耸的莲瓣形装饰。壶盖饰一周镂空环带纹，壶身饰三周环带纹。环带纹装饰虽在春秋早期比较流行，但一般装饰在圆壶上，作为方壶装饰较为罕见。方壶造型美观，纹饰华丽，是技艺极高的青铜艺术珍品，在国际上享有一定盛誉。壶上铸有十二字铭文，其大意为"曾侯的次子斿父用上等金铸造宝壶"。1971年该壶曾在北京展出，郭沫若先生非常重视，亲自为其铭文释文。根据铭文可知作器者为曾侯之子，是曾国重要的贵族。大量曾国器物的发现说明湖北京山苏家垄一带当时属于曾国重要的疆域范围。

曾仲斿父壶

释文：曾仲斿父用吉金自作宝尊壶。

苏家垄遗址的发现是曾国考古的新起点，1966 年以后考古学家们对此又先后进行了三次发掘，近 60 年以来，一代又一代考古工作者不断接力，一系列曾国墓地陆续被发现，将数百件有关曾国的文物串珠成线，将绵延 700 余年的曾国历史向我们娓娓道来。

1970 年、1972 年，湖北随州熊家老湾又两次发现曾国青铜器，熊家老湾位于今湖北省随州市均川镇均水之北的山地与坡地之间。其中有曾伯文铜簋、黄季嬴铜鼎等青铜器。

"黄"为国名，作器者的"季"为人名，受器者的"季"应为行辈，"嬴"为黄国国姓，以"行辈+国姓"指代出嫁到他国的女儿是当时铭文中的习惯称呼。此鼎应是黄国的嬴姓女子为嫁到曾国所作的陪嫁品。

《左传·僖公十一年》提道："黄人不归楚贡。冬，楚人伐黄。"《左传·僖公十二年》记载："黄人恃诸侯之睦于齐也，不共楚职。"文献资料表明，黄国既不向楚国纳贡，也拒绝参加楚国举行的盟会，始终保持对楚国公开抵制的态度。

黄国为周代淮水流域嬴姓诸侯国，子爵，位于今河南省潢川县附近。春秋时期，处于江淮地区的黄国之所以敢与楚国抗争，与其和曾国的联姻结盟有很大的关系。曾国墓地常出土黄国青铜器，说明曾国和黄国在春秋早期关系密切。

这段时间的考古资料表明，至少在西周末期至春秋早期，"曾国"是横跨鄂豫两省的一个强国。这与河南方城缯国、山东兰陵鄫国的地理位置都是不相符合的。

曾伯文铜簋

译文：唯曾伯文自作宝簋，用赐眉寿、黄耇，其万年子子孙孙，永宝用享。
本件器盖、器身以瓦纹、重环纹为饰，捉手内饰双身共首鸟纹。

黄季嬴铜鼎
释文：黄季作季嬴宝鼎，其万年子孙永宝用享。

左：周王孙季怡戈；右：曾大工尹季怡戈

　　1979 年，湖北随州发现的一处春秋时期曾国墓葬出土了 2 件铜戈，其中一件戈上有铭文"穆侯之子西宫之孙，曾大工尹季怡之用"。而另一件戈上的铭文为"周王孙季怡，孔臧元武，元用戈"。从铭文可知，曾国的大工尹"季怡"是曾穆侯的后代，同时又为"周王孙"，那么季怡是与周王室同姓，出自姬姓诸侯国。这两件铜戈的出土为学术界破解曾国谜团提供了又一有力证据。

　　1976 年，农民在今湖北省随州市万店镇周家岗发现 16 件青铜器，推测为一座墓葬出土，年代当在春秋早期。其中有 2 件形制相同的曾太保簋，底内铸有铭文："曾太保□用吉金自乍宝簋，用享于其皇祖文考，子子孙孙永用之。"

曾太保铜簋

曾太保铜簋铭文拓片

曾国是唯一见太保铭文的诸侯国。"太保"是西周开始设置的一种官职,同太师、太傅并称为"三公",负责辅佐国君维护统治。曾太保铭文铜器还有传世的曾太保庆盆以及出土于郭家庙墓地曹门湾区的曾太保发簋。由此看出,从西周到春秋早期,曾国的职官沿用宗周正统,尊崇周王礼制。

20 世纪六七十年代,湖北地区出土了数量众多的高等级"曾"字铭文青铜器。然而,这些青铜器大都不是经科学考古发现的,缺少墓葬环境、器物位置关系等系统考古信息,无法使我们更深入地认识曾国。随着科学发掘的曾国遗迹不断增加,这个淹没在历史长河中的曾国逐渐被揭开神秘的面纱。

惊世发现

曾国的神秘身影,在历史的记忆中时隐时现,让人捉摸不定。1978 年 3 月 19 日,时任湖北省博物馆副馆长兼文物考古队队长的谭维四率考古技术人员赶到现场,开始了曾侯乙墓的发掘。举世闻名的曾侯乙墓就这样惊现于世,其墓主曾侯乙为 2400 多年前的曾国国君。1982 年又在附近发现了擂鼓墩 2 号墓,墓主可能是比曾侯乙晚的曾侯。擂鼓墩墓地的发掘渐渐打开了通向古曾国之门。

曾侯乙编钟是世界上绝无仅有的重大发现,在人类文化史、音乐史、科技史等领域占有重要地位,是公元前 5 世纪中国文明成就的集中体现,展现了人类智慧在"轴心时代"所创造的高度。曾侯乙编钟音乐性能卓越,音律纯正,音色丰富,具有极强的表现力;其长篇铭文系统记载了中国当时的音乐学理论。它以声音和文字互相印证的方式,保存了 2400 年前人类的音乐记忆,是世界文明史上最早的有声音乐理论文献。曾侯乙编钟其中心位置悬挂的是一件楚王赠予曾侯乙的镈钟,钲间铸有铭文:"(唯)王五十又六祀,返自西(阳),楚王(熊)章(作)曾侯乙宗彝,(奠)之于西(阳),其永(持)用享。"

其实"曾国之谜"早在 1000 年前的北宋时期就已露出端倪。当时在今湖北安陆县出土过两件"曾侯钟",即楚王酓章钟。令人惊奇的是,1000 年后,楚王酓章钟又一次在随州的曾侯乙墓中露面。北宋时期发现的楚王酓章钟器物已佚,薛尚功《历代钟鼎彝器款识法帖》有摹本。两件钟的铭文相同,曰:"隹(唯)王五十又六祀,返自西阳,楚王酓章作曾侯乙宗彝,奠之于西阳,其永持用享。"薛尚功引赵明诚《古器物铭》的说法,正确指出铭文中的楚王酓章即楚惠王熊章,器作于楚惠王五十六年即公元前 433 年。

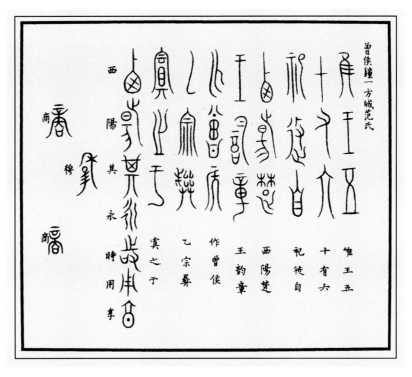

宋代《历代钟鼎彝器款识法帖》中著录的楚王酓章钟（原钟已佚）铭文摹本
释文：唯王五十又六祀，返自西阳，楚王酓章作曾侯乙宗彝，奠之于西阳，其
永持用享。穆商商。

　　这两篇铭文均记录了楚王熊章于在位的第五十六年，为曾国国君曾侯乙铸造了一套编钟。
查对文献，熊章是战国早期的楚惠王，楚惠王五十六年是公元前 433 年。墓中随葬文物的年代
一定不晚于墓葬本身的年代，因此公元前 433 年是曾侯乙墓年代的上限。

　　楚国是东周时期南方最重要的诸侯国。《史记》记载，西周早期周成王封熊绎为子爵。楚国
最初只是一个"土不过同"的小国，经过数百年不断扩张，到曾侯乙所处的时代——战国早期，
楚国已成为地方五千里、战车千乘、甲兵百万的南方强国。楚惠王为曾侯乙铸造了编钟，曾国
将其中一件镈钟随葬于曾侯乙墓，说明这一时期曾楚两国关系十分亲密。

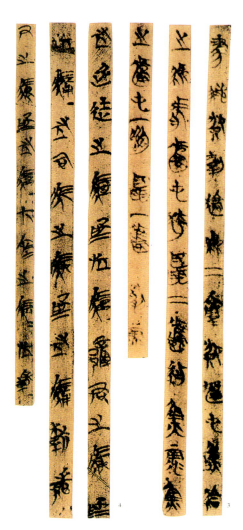

墨书竹简

曾侯乙墓竹简是目前所见时代最早的竹简实物。曾侯乙墓竹简出自北室，共 240 枚，6696字。简文墨书，出土时字迹清晰。

简文详细记载了用于葬礼的车马兵甲情况，从简中楚国的令尹和封君，如养君、集君、平夜君等，前来吊唁曾侯乙，赠送车马陪葬，反映出曾侯乙生前的尊崇地位和影响力。

曾侯乙竹简的简文还帮助我们研究曾国和楚国的关系，曾侯乙竹简所见的职官和楚国的相近或相同，显然是曾国采用了楚国的官制，足证楚对曾的影响之强烈。

曾侯乙竹简所见职官名表

简类		楚 官 名	疑是楚官名	其他国家官名、特称	身份特称	官名或人名待考
A类简	车主	鄢君、鄝君、鄅君、坪夜君、阳城君、旅公、鄩君、左尹、卿士、令尹、鄗尹			王公	
	御者	宫廐令、右令、左令、𦙫连敖、中兽令、宫廐尹、新官令、新官、□尹、南陵连敖				
B类简		中兽令				
C类简	新官之驷	鄝君、鄢君、右尹、大迁尹、大攻尹、都牧、牢令、新官、外新官、新官人、宫廐				
	太官之驷	鄢尹、鄢君、右登徒、右司马、新造尹、司马、畋尹、大攻尹、中兽尹、左登徒、裁尹、城马尹、右尹、宰尹、迁弁、乔牙尹、赢尹、赘尹、太官			王孙 中城子	
	杂乘	坪夜尹、复尹、鲁阳公、鄢君、阳城君、鄅君、都尹、司马、左司马、少师、卿士、左尹、宫廐尹、裁尹、乐君、太宰、新官人、新造人	长肠人 杙人 石梁人 边與人	宋客 宋司城	县子、荆君子、杭甫子(杭甫)、大首、顄夫	𥔬牙坪
	路车	都牧、牧人、盼公、鄅君、攻君			𥔬夫	
D类简	路车	坪夜君、鄩君、阳城君、鄢君、鲁阳公			王、太子	
	其他车	鄢君、赘阳公、鄝君、鄅君、令尹、卿士				
	马	司马、右尹、左尹、大夫、大宰、大尹、宫廐尹、少师、𨛬司马、𨛬马尹、左登徒、右登徒、裁尹				

曾侯乙墓出土文物除"曾侯乙"之名外，另有其他曾侯的字。

铜盘底部铭文

曾侯乙尊盘的铜盘底部原有"曾侯與"铭文，曾侯乙磨错掉原来的铭文"與"，改刻为"曾侯乙作持用终"。据此可知，曾侯與应为曾侯乙之前的曾国国君。

曾侯郎铜戟

上戈有"曾侯郎"三字铭文。曾侯郎也是早于曾侯乙的曾国国君。

曾侯乙墓出土的铭文铜戈、铜戟

	戈（件）	戟（套）
曾侯乙	38	2
曾侯郎	7	11
曾侯與		5
昜	2	
鄬君		1
析君墨脣		1
错金鸟篆文	1	

1981 年 7 月发掘的擂鼓墩 2 号墓西距曾侯乙墓仅百米之遥，系建在红砂岩上的竖穴木椁墓。墓口长 7.1 米、宽 6.6 米。墓内遗有一具双重主棺和一陪葬棺的痕迹。随葬有乐器、礼容器、杂器、车马器及陶器、玉石器等类，计 2770 余件。其中有体现墓主身份的九鼎八簋、36 件编钟和 1 件"盛君萦之御"铭文铜簠，未见兵器。

这些考古材料使学者们深信，在今天的随县一带确实存在过一个历史悠久的曾国。但是，在春秋战国时期的历史文献里，却完全找不到这个曾国的史料。特别是《左传》对汉东各国以及楚国向该地区发展的情形，都有非常详细的记载，但也没有"曾国"的字样。

公元前 1406 年，周武王灭商朝，开创了西周 276 年的历史，为了牢固控制大片领土，周王"分封亲戚、以藩屏周"，把他的同姓宗亲和功臣谋士分封各地，建立诸侯国。

先秦时期的族姓是一种通过血缘关系结成的社会集团的符号。周王室的族姓是姬姓。周代既有与王室同姓的诸侯国，也有其他异姓诸侯国。姬姓诸侯国一般是周王直系子孙的封国，是分封制度中最重要的成员。异姓诸侯国则是功臣或夏商古国后裔的封国。

周代，已婚女子的称谓一般包含排行、父家族姓。《左传》中"惠公元妃孟子"，是嫁给鲁惠公的宋国女子，其中"子"是宋国的族姓，"孟"意为排行老大。学者可以根据这些称谓判断诸侯国的族姓和各国之间的通婚关系。

"汉东之国随为大"

汉水下游以东的随州地区，历史上素称"汉东"，也被称作"汉阳"。史料记载，周王在汉东一带分封有众多的姬姓诸侯国，素有"汉阳诸姬"之称，这是由于这一区域非常重要。随州东北部、西南部分别为桐柏山和大洪山山系。在桐柏山和大洪山山系之间，从枣阳到随州形成一条狭长通道，被称作"随枣走廊"，沿此走廊由南阳盆地经由襄阳、枣阳南下可直贯汉水下游。"随枣走廊"狭窄且无山系阻挡，可谓是周王朝控制南方的军事要冲之地。《左传·桓公六年》说"汉东之国随为大"。也就是说在汉水东边的诸侯国，以随国最大。

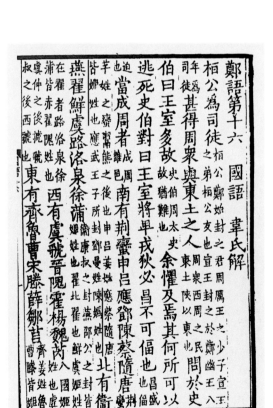

应、蔡、随、唐，皆姬姓也。

《左传》和《国语·郑语》韦昭注都记载，随是姬姓国。曾国的族姓问题成为考古学家探讨的重要问题。

在曾侯乙墓发掘之前，史书中可见春秋时期随国的一些记载，随国在随楚关系中一直处于弱势防御和屈从附庸的地位。

史记对随国的记载仅限于春秋时期，至于它的始封年代、族属世系、最终结局都无从考证。历史的长河大浪淘沙，众多诸侯国就这样湮没于尘埃，为后世留下无尽的谜题和猜想。

 ## 曾随之谜

《左传》所记载的淮汉之间的诸侯国，如江、黄、邓、唐、厉等，多已在出土的铜器铭文里出现，只有曾国，铜器出现最多，分布地域最广，《左传》中却似乎没有反映，文献记载中今湖北随县一带主要是西周到春秋时的随国故地。这一不见于文献记载的曾国在地理位置上与文献中的随国吻合。考古发现与文献记载的不一致，引发了学者们对曾、随关系的激烈争论，至今未取得一致意见，这就是学术界所谓的"曾国之谜"。

"曾国之谜"一说由著名历史学家李学勤先生于1978年首先提出。曾国和随国同在一地，是两个不同的诸侯国？抑或曾国就是随国？李学勤先生为此写了一篇文章，刊登在《光明日报》上，题目为《曾国之谜》，文章提出曾国是姬姓诸侯国，但文献中未有记载。从疆域范围、与楚国的关系以及延续时间来看，曾国很可能是文献中的随国。

曾国的谜题引起考古、历史学界的关注和讨论，并由此拉开了长达40年学术争论的序幕。曾国和随国的关系成为困扰世人的谜题。"曾国之谜"成为"案情"复杂，发展一波三折，争议旷日持久，牵动大量研究者的"迷案"。

自曾随之谜提出以来，学界相关研究成果比较多，各种观点均有学术论文发表。总体而言，学术界目前关于"曾随之谜"主要有如下几种猜测：

其一，曾随一国之说。根据曾随的地埋位置、年代的相似度推断，考古发现的曾国与传世文献中的随国实际上是同一个国家，一国二名。

其二，曾随二国说。曾随二国论具体又有不一样的看法。大致分为四种：一说曾随没有关系，是两个国家。二说曾灭随后，占据了随国的国土。三说随灭曾后占据了曾国的领土，沿袭了姬姓。四说楚先灭曾，后灭随，然后在随的地界另设了曾国。

曾侯乙墓的发现证明至少在春秋晚期，随州地区存在着一个文化发达、实力强大的曾国，它与楚国关系密切。曾国虽不见于文献记载，但云雾弥漫中，又和文献记载的随国有千丝万缕的纠葛，令人困惑，又令人神往，那么这个被历史尘埃淹没的曾国和《左传》中的随国会是同一个国家吗？曾国在更早的时期就是一个大国吗？

历史扑朔迷离，但考古发掘总带给人们意想不到的惊喜。进入21世纪，一系列有关曾国的

二 曽随迷雾

考古新发现层出不穷，2009 年随州文峰塔 1 号墓曾侯與甬钟的出土、2011 年随州叶家山曾侯墓地的发掘、2012 年随大司马嘉有之行戈的出土、2013 年随仲芈加鼎的出现……每出现一个文化遗存，就会掀起一波关于"曾随之谜"的探讨。至 2019 年随州枣树林等曾侯墓葬被发现，使曾国、随国文化面貌更加清晰地呈现在世人眼前，曾、随为"一国两名"不断增添铁证。

近年来的考古成果证明了考古发现的曾国与历史记载中的随国在存续时间、地理位置上重合，因此，曾国即随国。考古学家用双手拨开层层迷雾，曾国古老而神秘的面纱最终被揭开，"曾随之谜"基本尘埃落定。

三　始封江汉

曾国从什么时候开始立国？曾国的始祖是谁？早期的历史又是怎样的？2011年以来，随州叶家山曾国墓地、庙台子遗址等重大考古发现，将曾国的历史向前推至3000多年前的西周早期，揭开了早期曾国的神秘面纱。

南公始封

叶家山墓地位于湖北省随州市淅河镇。2010年，当地农民在进行农田改造时，发现了一批青铜器。随后，经过2011年、2013年两次重大的考古发掘，共揭露面积8700平方米，考古工作者发现了140座曾国墓葬，马坑7座，出土铜、陶、瓷、玉等各类质地的文物6000余件（套），初步廓清了西周早期曾国的文化面貌。这些文物不仅保存完好，而且组合和共存关系明确。叶家山曾国墓地的考古发现说明，曾国立国于西周早期，是周王朝分封到南方的诸侯国，扼守重要的南北通道随枣走廊，其始祖南公是王室重臣。众多考古证据揭示了曾国和周王室有着密切的关系，是周王朝控制南方的重要力量，在南北交流中发挥了重要作用。

作为周王朝在汉东地区的姬姓诸侯国，曾国在西周早期，其文化内涵依然属于周文化体系，其墓地布局、器物组合和形制特征等多个方面都具备周文化的特点。在叶家山墓地，规模最大的65号墓、28号墓和111号墓是整个墓地的核心，都出土了众多带有"曾侯"铭文的青铜器。依据墓地的规模布局和考古材料，专家基本认为这三座大墓为国君级曾侯墓。

犺作烈考南公青铜簋

　　位于叶家山中南部的 111 号墓不仅是叶家山墓地最大的一座，也是目前已发现的西周墓地规模最大的一座，从墓葬规格和规模以及随葬品的数量等方面，显示出墓主身份等级之高。在多件青铜器上都发现有"曾侯犺作宝彝"的铭文，结合丰富的考古资料可知，墓主人应为曾侯犺。在 111 号墓中，一件镌刻"南公"铭文青铜簋的发现，成为探索曾国始祖奥秘的关键。这件青铜簋带有方座，上半部分为双耳铜簋，通过圈足与方座相连。腹部两侧与方座均装饰有兽面纹，圈足饰夔龙纹，这样的形制为西周早期的典型样式。在器物内底中部铸有两行 9 字铭文："犺作烈考南公宝尊彝"，铭文中的"烈"是修饰词，有光辉显赫的意思，称"南公"为"考"，应该是对逝去父辈的称谓。可见这件珍贵的青铜簋应是曾侯犺为其父南公所做的祭器。据史书记载，南公适（括）是西周初年辅佐文王、武王的重臣之一，曾国始封者很有可能为南公适（括），曾侯犺应是被封于曾国的南公适的后代。按照西周初年的分封制度，和周公（封国在鲁）、太公（封国在齐）、召公（封国在燕）一样，南公本人留在王都辅佐周王，其子犺来到封地曾国，王室仍有南公后裔世代任职。"南公"铭文器物的发现，对判定叶家山曾国墓地的族属问题提供了重要的文字依据。

　　"南公"首见于大盂鼎。著名的大盂鼎出土于陕西宝鸡，目前收藏于国家博物馆。器物铭文记载了周康王在宗周训诰盂之事，据考证，"盂"极有可能是南公后裔，其家族是南公家族留在周王畿的一支。专家认为，曾侯犺墓出土的犺作南公铜簋的"南公"与大盂鼎铭文记录的"南公"应为同一人。

大盂鼎

斗子鼎

周人借鉴夏商历史兴衰的经验与教训，并结合立国之初复杂多变的政治局势建立分封制。周代分封的主要目的是屏藩王室，通过分封同姓子弟和亲贵，在地缘上占据主导地位，在政治上辅弼周室。西周早期，江汉流域淮夷势力较为强大。周王朝在汉东之地分封了包括随（曾）、鄂、唐、蔡、应、息等在内的众多姬姓邦国，史称"汉阳诸姬"，将周王朝的统治范围扩大到长江流域。曾国由此开启了君庇淮夷、镇守南土的历史。

叶家山2号墓中的斗子鼎上的37字铭文，郑重记载了西周初年曾国先祖参加周成王会盟的经历，印证了曾国作为周王室经营江汉地区的"基地"和"前哨"的重要地位。

另外两座曾国国君墓分别是65号墓和28号墓，年代同为西周早期。65号墓位于墓地北部偏中的位置，年代略早，随葬器物较为丰富，摆放也比较规整，墓主人为"曾侯谏"。

曾侯谏墓出土一定数量的方鼎，内壁有铭文"曾侯谏作宝彝"，诉说着墓主人的身份。这些铜鼎的大小、纹饰、铭文相同，形制特点为浅腹高足，上腹饰一周鸟纹，鸟纹以中部的扉棱为轴对称分布，器型及装饰都是西周早期方鼎常见的风格。

除方鼎外，还发现有造型别致的圆鼎，在器物的内壁同样发现有"曾侯谏作宝彝"的铭文。曾侯谏圆鼎在叶家山墓地共发现5件，它们大小、纹饰、器型、铭文均相同。圆鼎的鼎口呈桃形而并非是规整的圆形，专家认为，这样的器型是为了减少脱范的技术难度所作的调整。与这个时代一般对称的纹饰不同，曾侯谏圆鼎的九个夔纹及九个涡纹相间排列，夔纹则以两个同向夔纹与一相向夔纹为一组，布局十分特别。

带有"曾侯谏"铭文的青铜器在28号墓也有较多发现。叶家山墓葬的排列布局具有"北早南晚"的特点，28号墓位于叶家山墓地中部偏南，年代可能晚于曾侯谏墓。墓葬平面呈"甲"字形，出土器物非常丰富，随葬品的放置很有规律，方鼎、圆鼎、甗、簋等食器放置于墓葬二层台东北角，与卣、罍等酒器分开。据专家推测，墓主人可能是私名为白生的曾国国君。

曾侯谏铜方鼎

曾侯谏铜圆鼎

　　分档鼎是商代晚期和西周早期多见的一种形制，具有类似于鬲腹部分档的器型特征，在晚商墓葬中常成对出现，这样的传统在西周初年还在延续。白生墓出土了一对，它们大小、形制、铭文相同。这种分档鼎和青铜鼎、鬲一样流行兽面纹，但兽面的中轴并不设在两足之间，而是依托突出的档部，将中轴对应于三足。相同的分档鼎在2号墓也出土有一对，四件分档鼎大小、形制以及器物铭文基本相同，但却放置在不同的墓葬中，类似的情况在叶家山多个墓葬出现多次，这是叶家山墓地考古中发现的一个有趣的文化现象。

曾侯谏分档铜鼎

曾侯铜方鼎

除出土有"曾侯谏"铭文的青铜器外，白生墓中出土了多件带有"曾侯"铭文的青铜器。多件方鼎腹部内壁和器盖内壁铸有"曾侯作宝彝"的铭文，并且是西周早期方鼎的典型形制：浅腹高足，腹部装饰有乳钉纹和双身龙纹，但是有的方鼎还配有两侧带有长方形缺口的平盖，这是商周之际立耳鼎设盖的一种尝试。双身共首龙纹流行于商代晚期至西周中期，多见于方鼎之上，有学者认为它是一种表现立体龙身的纹饰。

酒器放置复原展示

白生墓中出现了酒器集中放置的情形，铜爵、提梁卣等酒器出土时集中放置在一个长方形的漆案上，在西周早期的宝鸡石鼓山遗址中也出现有类似的摆放方式。

两周时期，贵族夫妇多埋葬在同一陵园，墓坑相邻。2 号墓位于叶家山墓地的东北部，距离曾侯谏墓东南 13.2 米。随葬器物十分丰富，包含青铜器、陶器、玉器、原始瓷器等。出土了数量较多的原始青瓷，但未发现兵器，这是叶家山墓地女性墓葬的特性。出土青铜器铭文中反复提到了"曾侯谏"和"曾侯谏作媿宝彝"等内容，在地埋位置上，2 号墓对应曾侯谏墓之东，距离较近，其间不见其他墓葬的分布，可见 2 号墓的主人应是曾侯谏的媿姓夫人。此外，27 号墓内的随葬品同样表现出女性的性别倾向。结合出土器物铭文和墓主女性的身份，27 号墓的墓主人也应该是一位曾侯夫人。27 号墓向西临近 28 号墓仅 12 米，综合系列发现，说明 27 号墓与 28 号墓可能也是一组曾侯及夫人墓。

铜甗是古人用于蒸食物的用具。甑体有两行七字铭文："曾侯谏作媿宝彝。"这件铜甗在甑部的上腹装饰有偶细线云纹构成的兽面纹，鬲体装饰有半浮雕的兽面纹，这种对比鲜明的装饰及器型特征是叶家山墓地青铜甗常见的作法。晚商时期铜甗的甑体和鬲体之间开始出现铜质的箅格，如何将活动的箅格一体连接到器身，体现当时高超的铸造技术。一般的甗箅是以一铜钩套接箅孔，然后再将铜钩焊接固定到甗身，这样就会在内外壁都留下焊接的痕迹。叶家山墓地出土多件铜甗，其箅格是通过先铸的环钮固定的，工艺与当时流行的作法有所不同。

曾侯铜甗

兽面纹铜爵

　　爵在西周早期趋于消失，但曾侯谏夫人墓的这件青铜爵延续了殷墟时期高大厚重的特点，腹中部装饰的两组兽面纹也暗示着较早的时代特征。

　　除了三座可以确定为曾国国君的墓葬外，1 号墓有学者推测墓主很可能也是国君一级的高级贵族。1 号墓是叶家山墓地最先发现的一座墓葬，地处整个墓地的东北部。1 号墓无论从葬俗还是青铜器造型、纹饰上看都带有强烈的商人因素，专家推断，1 号墓可能是整个叶家山墓地中较早的墓葬之一。墓中出土了兽面纹大鼎 1 件、方鼎 4 件，说明墓主级别非常高。1 号墓又位于 111 号墓、28 号墓、65 号墓三座曾侯墓葬北侧，因此，1 号墓的墓主人可能是一位年代更早且尚未授封为曾侯的曾国国君。

师方鼎

师铜圆鼎

1 号墓出土了 4 件方鼎，它们大小、器型、纹饰相同。鼎的腹部及足上部装饰大兽面纹，是来自晚商时期的装饰传统，但兽面纹的角、尾伸出多个勾云纹，又反映出西周早期新出鸟纹的影响。这种 4 件方鼎的配置体现出墓主人高等级的社会地位。鼎的铭文为"师作父癸宝尊彝"，意思是"师"为其父"癸"作了这件礼器。癸是日名，即根据甲、乙、丙、丁等天干序数用字起的名字。用日名是商人的重要习俗。

　　师铜鼎鼎横截面呈桃形，这在叶家山其他圆鼎中也可见，是西周早期工艺简化的表现。口下只装饰一周涡纹，器表清素，反映西周早期新的装饰作风。涡纹下对应一个方形垫片较为醒目，这种垫片与鼎底部三个垫片不同，可能兼具装饰的作用。

　　叶家山墓地考古成果丰硕，引发世人关注，那么附近是否还有其他重要的相关考古遗存？而曾国早期的先民又居住在哪里？

庙台子遗址

　　为弄清叶家山曾侯墓地附近是否有相关的考古城址，2011—2013 年，湖北省文物考古研究所在以叶家山为中心的方圆 10 公里范围内进行了一次重大的区域系统调查。考古工作者在叶家山墓地周围又新发现了 9 处商周时期的大型聚落遗址。其中，随州庙台子遗址规模最大，拥有环壕和大型宫殿基址等重要遗迹。

　　庙台子遗址与叶家山墓地均位于湖北随州市淅河镇蒋寨村，地处㵐水支流漂河岸边。庙台子遗址距离叶家山墓地 1 公里左右，从空间距离来看，与叶家山墓地有着非常紧密的关系。

　　经过对庙台子遗址的勘探与解剖发掘，断定庙台子遗址为一处"8"字形环壕聚落，并分为南北两个台子，南台子和北台子四周及两个台子之间均有壕沟相通。通过解剖发掘的地层显示，环壕始建于西周早期，废弃在西周晚期或春秋早期；通过层位，可以判断环壕聚落的年代基本与叶家山墓地同时。另外解剖发掘时，在南台子西周早期层位发现了西周早期的夯土基址，应为大型排房建筑，这也预示着该遗址存在高等级建筑并属于大型聚落遗址内。遗址内还发现有大量生活陶器，铜块、陶范、陶鼓风管等制铜遗物，骨器和骨料等，表明该遗址等级较高，应当是西周早期的一个重要古城。

结合丰富的考古遗存，今漂水下游东岸的庙台子遗址很可能是西周早期的政治中心，是西周早期曾国都城的所在地。

南国强藩

叶家山早期曾国墓地的发现，在区位上为了解西周时期周代南国的政治地理情况提供了参考。根据以往资料可知，周人灭商是在多个部族特别是南方一些部族的帮助下完成的，但我们对西周早期南土的认识却极为有限。近年来丰硕的考古成果，将历年来江汉地区的西周早期周文化遗存串联起来，可以找寻到西周文化势力向江汉地区腹地南传的线路。其中一个方向是向东南，顺着随枣走廊东进的势力形成今随州一带安居羊子山鄂国及叶家山曾国墓地遗存，这支东南而下的势力持续向南甚至进一步影响到长江以南地区，如湖南望城高砂脊墓地，在这里发现了商周之际典型中原文化的兽面纹青铜鼎以及以此鼎为原型所生产的具有当地特征的青铜器。这些重要的考古发现，折射出西周王朝建立后对南土的迅速控制。

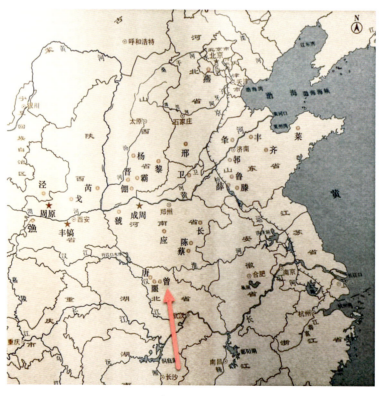

曾国地理位置

早期曾国的疆域从地理格局看，以叶家山这一西周早期曾侯墓地为圆心，其西与溠水流域安居羊子山的鄂国（今随县安居镇一带），半径直线距离 25 公里，其北与漂水上游厉山的厉国（今随县殷店镇一带），半径直线距离 35 公里。

随枣走廊

在地理位置上，曾国位于汉水以东，属周朝南土，居随枣走廊要冲。随枣走廊北连南阳盆地，南通江汉腹地，是当时主要的南北交通要道，周王朝南征蛮夷也由此进兵。早在北宋时期，安州出土的"中甗"和现藏日本出光美术馆的"静方鼎"铜器铭文都记载了昭王南征伐楚的史事。其中，有周王"在曾、鄂师"的记录，说明曾国及其邻国鄂国是周王朝在南方的重要军事据点。结合史料，昭王南征的路线有两条：一条从成周（洛阳）出发，经鲁山一带，过南阳盆地，入随枣走廊到达今天的湖北随州；另外一条从长安（丰镐）出发，经蓝田、商洛、襄阳、枣阳后到达随州。两条路线都集结于随州，这不难发现曾国所处位置的重要意义。

当周公、成王东征之后，东土开始平静，广大的南方地区就成了周王朝主要关注的对象。专家结合随州文峰塔出土的曾侯與钟等器物，认为周天子任命第一代曾国国君统领江汉地区，和授予第一代齐国国君齐太公"五侯九伯，汝实征之"的权力差不多。

随着昭王南征的开始，曾国的地位愈发重要。叶家山庞大的墓葬规模，丰富多样的出土器物，琳琅满目的青铜器，都印证了这一点。

曾侯犺墓象牙

　　叶家山曾侯犺墓出土的象牙是西周时期墓葬中首次出土的完整象牙。《诗经·鲁颂·泮水》"憬彼淮夷，来献其琛。元龟象齿，大赂南金"，意思是被征服的淮夷献来珍宝，包括大龟、象牙、美玉和青铜。象牙在商周时期被高级贵族用于制作奢侈品和祭祀。在相当于商代晚期的四川三星堆遗址、金沙遗址中曾出土大量的完整象牙，中原地区考古发现的多为牙雕制品。

曾侯犺墓编钟

　　叶家山曾侯犺墓出土了曾国最早的编钟，比举世瞩目的曾侯乙编钟还要早500余年，由4件甬钟和1件镈钟组成，是目前所见数量最多的西周早期编钟。镈钟造型独特，4件甬钟可分为两组，每组2件，形制相同。一组是篆部、钲部和枚部的边框由小乳钉组成，此组编钟正面的侧鼓音部位可见有一小鸟形的阳线标识图案。另一组的篆部、钲部和枚部的边框由单根细凸弦纹组成，篆间均有简略的阳线云纹。这套编钟对西周音乐研究以及我国古代音乐考古具有极其重要的价值。

蟠龙兽面纹铜罍

罍是古人盛酒或盛水的大型容器，也是古人在祈祷丰收，祈祷战争胜利或拜祭祖先等祭祀活动中的重要的礼器之一。这件青铜罍纹饰繁缛，左右肩部各有一只兽首形半环耳。双角相连呈花冠状弯曲下垂，十分醒目。半环下部作象鼻状卷起，还挂有圆扁环。前后肩部各伸出一个圆雕的牛首，仔细观察，还可发现牛首旁各有一个半浮雕的前肢下跪的牛形纹，这个典型的装饰特点也见于纹饰华丽的曾侯谏青铜盂、青铜盘。器物隆起的圆盖顶部有一只圆雕的蟠龙，双目圆睁，双足前伸，犹如猛龙过江，造型十分活泼生动。

在叶家山墓葬中，还发现了新的器物类型。曾侯谏作媿铜肆壶从外形上看像一个长筒，这种形制是西周早期新出现的器物类型。腹部长而深，口部、底部和腹部的直径接近，本件盖沿饰有龙纹组成的兽面纹，颈部也装饰有龙纹。出土时，器盖捉手、壶颈及圈足，均有一周朱绘纹带。盖内及壶内壁各铸有"曾侯谏作媿肆壶"的铭文。"肆壶"可能是陈列于祭祀仪式中的器物。在叶家山墓地和一些商周之际的墓葬中发现有类似器型的铜扣木器，说明这种铜壶的原型是木器。

叶家山考古发掘中，还有一些规制较高的贵族墓，如 126 号墓等。墓中出土器物数量多，种类丰富，为研究曾国与周王室的关系、曾国的官职制度提供了重要资料。

曾侯谏作媿铜肆壶

麻于尊

麻于卣

126号墓出土的器物中，不得不提两件青铜瑰宝——麻于尊、麻于卣，两件器物通体均闪耀着古玉的光泽，是这一时期的青铜器精品。尊外壁有四道纵向长扉。纹饰从上至下分三段，上段颈部饰蝉纹和鸟纹，中段腹部和下段圈足饰兽面纹，通体纹饰细密精致。

麻于卣纹饰同样精美繁缛，全器满饰花纹，以云雷纹为地。提梁饰蝉纹，提梁两端圆雕兽头作牛首。盖顶有菌状钮，盖面饰兽面纹。盖及器身有四条纵向扉棱。颈部饰龙纹带一周。腹部饰兽面纹，兽尾下两侧各饰一凤鸟纹。圈足饰蛇纹带。盖、器对铭，各铸有铭文，内容为："麻于肇畜马、谷，赉，用作父戊宝彝。庚册。"铭文的意思是，"麻于"因为养马而受到赏赐，因此制作了用来祭祀父戊的铜器，其中"庚册"是表示麻于族氏的铭文。

此外，兵器上的改进和创新反映出早期曾国强大的军事实力。

半环形铜钺

透雕龙纹铜钺

　　钺是商周时期高等级贵族身份的象征，西周时期，周天子用于亲自征伐或礼仪活动，或授予诸侯、高级官员来行使军事征伐的权力。叶家山曾侯犺墓出土了二件半环形钺，形制基本相同，此外叶家山墓地曾侯谏墓、甘肃灵台具白草坡西周墓地也出土有形制相同的半环形钺。不同于一般的斧形钺，半环形钺很少见，在形制上和纹饰上与一般的斧形钺相比都有不同，应是西周早期新出现的器型，往往为一般国君级别的贵族所用。

　　有专家认为，叶家山出土的半环形龙纹铜钺显示着当时曾国国君承担着替周天子讨伐叛乱者的崇高地位。通过这件造型别致的青铜钺，可以遥想数千年前曾侯手持铜钺，征讨四方的威武形象。

　　与曾侯谏墓新式的半环形钺不同，白生墓铜钺仍然是商周时期以来的兽面纹斧形。但钺身侧饰一对透雕龙纹，内部也作透雕造型，这些则是西周早期钺新的装饰风格。

　　叶家山出土了大量兵器，如戈、戟、钺、镞等，类型丰富，并且十分先进，可见曾国早期强大的军事实力。成捆的戈、戟被集中放置，其秘杆依然可见。

西周早期的戈仍然继承了晚商时期的形制，不过弧曲的短胡戈较多见，内部也多装饰有云纹。这种銎内装秘的方式，延续了晚商时期的传统。

铜戈

还出现了一种形制十分特别的戈，援部为等腰三角形，这种形制的戈在晚商时期多见于今陕西南部地区，近阑处有圆形穿孔，装饰有抽象的兽面纹。

兽面纹铜戈

戟是戈与矛的结合体，商代中期就已出现，但直到东周时期才流行起来。白生墓出土的戟不仅数量多，并且已经发展到长胡多穿，这是当时较为先进的形制。同墓出土最大的一件青铜戈通长 25.2 厘米，比燕侯戈还要长 2.9 厘米。

铜戟

早期曾国拥有较高的生产力发展水平。生产力的高低取决于生产工具，在青铜时代，则与青铜工具、农具的使用关系密切。叶家山出土的铜锭证明这里拥有充足的铜原料，不仅可以大量铸造青铜礼器和兵器，也为铸造用于生产生活的青铜工具、农具提供了丰富的资源。叶家山还出土了不少青铜工具、农具，数量远远多于同时期其他地域的考古发现，白生墓出土有斧1件、舌1件、锛2件、凿2件、刻刀2件；曾侯谏墓出土锛1件；1号墓出土削1件。特别的是，叶家山墓地还出土了青铜耒。这是一种耕地时取土的农具，目前发现数量不多，青铜耒的出土从另一侧面说明了曾国的生产力水平和农业发展水平。

曾国还有效地协助周王朝不断攫取土地资源。拥有更多土地，对于保障贵族的生活质量，促进王朝经济的发展具有重要意义。西周早期，经过武王、成王、康王封建诸侯，到昭王时，可用于分配给贵族的土地资源已经不多，结合史料，周昭王南征的目的之一是为了攫取更多的土地，且西周时期，赏赐土地以昭王时期最多。通过南征，昭王将新得到的土地分给南征的将领。如静方鼎铭文中，就有王赏赐静采地"每"的记载。在中作父乙方鼎铭文中，中得到的赏赐采地在南土的范围内，是周王室通过扩张得到的新土地。

二 始封江汉

069

文化枢纽

西周早期的曾国地处连接西周王畿与南土地区的关键地带，既是周王朝南下的重要通道、运输铜矿资源的要道，更是南北文化的交汇、交融的大舞台。叶家山出土的器物体现出不同文化因素的影响，如周文化、殷商文化、本土地域文化等，多种文化的影响使曾国文化呈现出一定的多元性。叶家山墓地出土的青铜器、原始瓷等说明曾国是当时重要的文化交流的枢纽。

叶家山出土了一批华美精致的青铜器，其工艺和巧思令人称奇，如曾侯谏青铜盉，堪称商周青铜器中罕见的精品。这件青铜盉颇有晚商青铜器繁缛的装饰风格，腹部三组主题纹饰为牛角形兽面纹，颈部为三组两两相向的牛纹。隆盖兔形钮两侧也饰两组牛角兽面纹，器、盖的纹饰都是以细密的云雷纹地纹衬托半浮雕纹样。全器满饰多层次的花纹，充满豪华之感。盉的流、鋬和盖钮各塑成全雕或高浮雕的造型，流上为一镂空双角的爬兽，爬兽的嘴与流口巧妙地结合在一起。值得注意的是，颈部半浮雕的牛形纹构图具有强烈的中原文化周边地区的文化风格，可见与周边地区文化的交流、交融。

通过铭文和纹饰推测可知，精美的曾侯谏青铜盘与曾侯谏青铜盉应为一组器物配套使用。这件铜盘为浅腹高圈足，承袭晚商时期的形制。圈足饰一周浮雕蝉纹。浮雕纹饰立体感较强，云雷地饰细密规整，体现了较高的装饰工艺水准。盉、盘是西周时期新出现的水器组合。

曾侯谏青铜盉

曾侯谏青铜盘

立鸟盖悬铃铜罍

　　叶家山墓地出土的多件青铜器承载着丰富的文化内涵，呈现出独特的地域文化特征。如白生墓、曾侯犺墓均出土有类似的装饰夸张的青铜罍，27 号墓出土的铜罍为一对。首先映入眼帘的是器表大型的兽面纹，肩部的器耳被设计成大象造型。从侧边细细观察，会发现象首上有两只向上扬起的象鼻，还有象鼻是自然下垂状。腹部和圈足分别装饰有兽面纹和龙纹。盖顶至圈足，有四道凸起的扉棱，强化了装饰的立体感。多层次的纹饰，让器物充满繁复之美。尤其是盖上的那只昂首挺立的凤鸟，展翅欲飞，栩栩如生。在器底还附有悬铃。外底有悬铃，这是晚商、西周时期不多见的地域文化特征，随枣走廊的鄂国、曾国青铜器均有带铃的习俗。类似造型风格的青铜器既代表了曾国青铜器的制作水准，又体现出周文化以外的地域文化特性。

白生墓铜锭

　　除了政治和军事上的作用，曾国还具有极其重要的战略意义——周王朝获取青铜资源的坚实助手。铜资源在当时是极为重要的战略资源。叶家山白生墓出土了两件铜锭，一块为圆形，一块为长条形，出土时保存完好，皆呈浅盘状，主要成分为红铜，即纯铜，铜含量达99%以上。用铜锭作为随葬品在全国西周墓葬尤其是高等级墓葬中是绝无仅有的，似乎暗示着铜器的生产可能由诸侯国国君所控制和掌握。

　　叶家山37号墓中还出土有孔雀石，可见西周早期的曾国极其重视青铜原料。通过与湖北大冶湖边所出铜锭比较可知，曾国铜料和矿料的输入可能主要来自铜绿山，以铜锭为主，兼有铜矿料石。此外，这两件铜锭外形与周原遗址所出铜锭相同，只是重量略轻。青铜原料一直是商周时期中原王朝获取的最重要的战略资源。研究表明，西周时期周王朝的铜资源应当是来自长江中下游地区，铜锭是铜矿资源输送的一种形式。叶家山所在的随枣走廊正是这些铜矿资源北上输送的必经之地，对于中转地而言还成为了一种特别的文化传播符号。

　　叶家山白生墓的两块铜锭出土时与青铜礼器放在一起，作为曾侯身份随葬铜锭，反映了铜矿资源对于曾国不同于其他诸侯国的重要意义。

　　原始瓷器在商代早期的长江下游地区就有大量生产，二里岗文化时期一些中原文化的遗存，如河南郑州商城就已经发现大量的原始瓷制品，多数学者认为这些瓷器来自于长江下游地区。西周早期丰镐等政治中心地区也发现大量的原始瓷器，它们也应是来自于南方。叶家山墓地作为中原地区与南方文化交流的枢纽，墓中发现的原始瓷器所占的比例比其他西周诸侯国墓葬高得多。

叶家山原始瓷由高岭土制胎，表面施石灰釉，经 1200 度高温烧制而成，产地可能为长江下游地区。2 号墓出土的双耳原始瓷罐为折肩，双耳，器型接近于西周时期的陶罐。

双耳原始瓷罐

镈钟是南方青铜文化的产物。最早的镈钟在江西新干大洋洲晚商时期的墓葬中就已发现，器物还带有扉棱和鸟形装饰。之后这种带有宽扁扉棱、小鸟装饰风格的镈钟在南方地区和随州都有发现。曾侯犺墓镈钟钟体横截面为椭方形。纹饰风格与叶家山其他墓葬包括曾侯犺墓出土的青铜器有所不同，其器型、兽面纹装饰，虎与鸟的纹饰与湖南邵东贺家村镈钟几乎相同，其中全雕的小鸟装饰还体现了晚商以来的传统，应该是在南方文化的影响下兴起的。

曾侯犺墓兽面纹镈钟

叶家山墓地部分族徽

　　在商周青铜器上，有一些器物主人的家族徽记铭文。族徽铭文多见于商代晚期，西周早期不少周人高级贵族的墓葬中，也能看到一些带有族徽铭文的青铜器。学者认为，这是商王朝灭亡后，周朝贵族瓜分战利品的结果。叶家山墓地不同的墓葬中，出现有数量多达 19 种徽识类青铜器铭文。这些特别的青铜器无论从产地还是属性来看，都不是曾国本地产物，可能来自周王室对曾国贵族的封赏，折射出不同文化间的交流和影响。

亚娯铜鼎出自叶家山 3 号墓，腹部较浅，柱足较高，纹带只装饰在上腹，形制特征不同于 2 号墓出土的商代风格浓厚的分档鼎。上腹纹带饰一周三组兽面纹，兽面纹的中心在两足之间，与兽面纹中心对应三足的装饰布局不同。鼎口内壁有两行五字铭文"亚作宝彝"表明了作器者的身份。

亚娯铜鼎

叶家山出土的陶器虽数量不多，但仍提供了较大的参考价值。如陶鬲，在叶家山多个墓葬都有发现。2 号墓出土的陶鬲鬲体宽矮，虽然是锥足但已有向柱足演变的趋势，腹部装饰有细绳纹和圆形乳钉。西周早期洛阳北窑 14 号墓出土的陶鬲与叶家山 2 号墓、曾侯谏墓出土的陶鬲有相似之处，如其颈部饰圆饼的装饰风格与 2 号墓陶鬲相似，其近柱形足不加纹饰的特点与曾侯谏墓陶鬲相似；2 号墓出土的陶罍形制为短直颈、折肩，具有仿铜礼器的特点，保留了较多商文化的气息。

陶器的制作、使用周期比青铜器短，在体现文化面貌的发展变化上更具代表性。结合出土陶器可见，叶家山出土的陶器总体来看，与周文化保持一致，但已经发展形成了自己的特点。

随州叶家山曾国早期墓地及同期的随州庙台子遗址等重大的考古发掘，不仅构建了西周早期的历史，解答了"曾国从何处来""为什么会被分封在汉水之东"等系列关键问题，也大大加深了我们对西周时期南国政治地理的了解。

四 汉东大国

曾国作为西周早期周王朝分封在汉水流域的诸多诸侯国之一，承担着镇守巩固西周南方疆域、防御荆楚蛮夷的重要职责。西周中后期，周昭王、穆王多次征伐淮夷、于越、荆楚等国，曾国主动配合西迁至靠近荆楚的汉水流域一带，利用处于铜资源运输的重要据点的地理优势，迅速发展壮大，成为汉水流域综合国力最为强盛的国家，逐渐形成"汉东之国随为大"的局面。

疆域广大

　　西周早期，曾国疆域面积并不大，主要分布于随州的㵲水流域以东至今湖北安陆一带。西周中期以来，为扩大疆域版图，自昭王十六年开始，周王室先后三次大规模征伐荆楚，作为"汉阳诸姬"之首的曾国，为配合完成伐楚大业，主动迁徙至靠近荆楚的汉水一带。

　　西周晚期，国力衰微，政局动荡，与曾国毗邻的鄂国国君鄂侯驭方联合淮夷、东夷发起叛乱，率领军队大举进攻西周。据西周晚期的禹鼎铭文记载："……亦唯鄂侯驭方率南淮夷、东夷广伐南国、东国，至于历寒。王乃命西六师、殷八师曰：'裂伐鄂侯驭方，无遗寿幼。'……零禹以武公徒御至鄂，敦伐鄂，休，获厥君驭方……"表明周厉王对鄂国联合淮夷、东夷发起的叛乱非常愤怒，组织派遣军队平息了叛乱并俘虏鄂侯。此次叛乱后，周厉王将鄂国从随枣走廊迁移至南阳盆地进行安置，曾国便顺势接管了原鄂国所属的部分封邑，疆域面积得到了扩大。

　　根据目前出土的考古资料显示，西周晚期至春秋早期，曾国的国土面积从汉东扩大至汉北以及河南的南阳盆地一带，即西起南阳盆地南部，东至随枣走廊，包括随枣走廊东南端的漳河谷地，成为名符其实的汉东第一大国，与《左传·桓公六年》中记载"汉东之国随为大"一致。

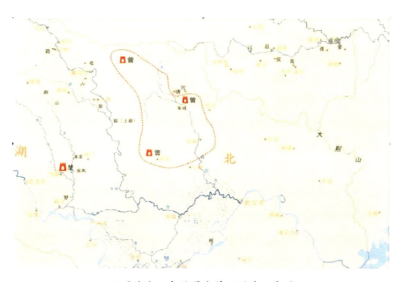

西周晚期至春秋早期曾国疆域示意图

综合历次考古发掘成果与文献资料，西周晚期至春秋早期，因曾楚之间多次发生战争，曾国的国力被削弱，曾国的政治中心逐渐从滚河流域枣阳郭家庙墓地迁移至京山苏家垄遗址一带。

枣阳郭家庙墓地位于湖北枣阳市吴店镇，总长 1500 米，东西宽 800 米，总面积达 120 万平方米。分布在两个相对独立的山岗上，北岗为郭家庙墓区，南岗为曹门湾墓区。2002 年、2014 年考古工作者两次在枣阳郭家庙发掘出曾国墓葬和附近的城址，发现高等级墓葬及车马坑中出土的大量文物，证实了此时的曾国国力强盛、文化发达。共发掘清理出西周晚期至春秋早期墓葬 130 余座，其中曹门湾墓区 1 号墓，郭家庙墓区 21 号墓、60 号墓三处墓地的墓主人身份均为当时的曾国国君，此外还有数量较多的贵族墓，表明郭家庙墓地为当时的一处大型曾国公族墓地。周台遗址位于郭家庙墓地以东约 1 公里处，遗址发现有夯土台地、房屋建筑，表明该处为曾国的生活居住区域。忠义寨遗址位于郭家庙墓地东南约 2 公里处，考古调查中发现了与郭家庙墓地同时期的建筑遗迹。三者共同组成一个面积约 6 平方千米的大型遗址群，功能布局与同时期卫国等诸侯国都城布局特征相同，可以推定枣阳郭家庙一带是西周晚期曾国的政治中心都城。

曹门湾玉器

西周晚期，周王室国势衰微，其军事力量无法再震慑诸侯，位于荆楚大地的楚国开始全力扩张，作为汉水流域第一大国的曾国成为楚国东进需要清除的首要目标，曾楚之间开始频繁爆发战争。楚国在伐随（曾）的战争中逐渐向东扩张，曾国实力受到削弱，开始退出滚河流域一带，向大洪山东南的漳水一带的苏家垄迁移，苏家垄成为曾国的政治中心。

苏家垄遗址位于湖北荆门市京山县坪坝镇，地处大洪山东麓，是一处集墓地、居址、矿冶遗存于一体的大型遗址群。近年来，通过对苏家垄遗址的考古发掘，出土了大量的重要青铜礼器，发现了一批曾国高等级墓葬，同时发现了大型建筑基址和冶铜遗存，这些都表明苏家垄遗址是春秋早期曾国的政治中心都城。

苏家垄青铜器出土现场

 军事强盛

　　西周晚期至春秋早期，曾国作为周王朝分封在江汉地区的"汉阳诸姬"之一，其主要职责是为周王朝把守南部边疆，镇抚淮夷、荆楚，扼守重要的南北通道随枣走廊。随枣走廊作为周王朝的南大门，北连南阳盆地，南通江汉腹地，是当时主要的战略和交通要道，周王朝南征蛮夷也由此进兵。西周末年，各诸侯国为扩张版图不断发生战争，战略意义重大的随枣走廊自然成为诸侯国争夺的重点。为保持对随枣走廊的控制权，同时抵制楚国向东扩张，曾国被迫无奈与楚国多次发生战争。

　　根据《左传》和《史记·楚世家》记载，仅春秋早期，曾国与楚国就先后发生三次战争。公元前706年，楚武王第一次率军伐随(曾)，此时随国实力雄厚，组织军民修政备战，楚国伐随未能成功。公元前704年，楚武王第二次率军伐随，随国因策略失误兵败，随侯逃走，随国被迫与楚国议和。公元前690年，楚武王第三次率军伐随，武王病死途中随国被迫与楚国议和。面对强大楚国的三次征伐，虽然随(曾)国多以失败而告终，国家实力遭到了削弱，但也从侧面反映了该时期曾国军事力量的强盛。

　　车马的规模，既是身份等级、仪仗的象征，也代表着军事实力的强弱，军事实力则代表国家的实力。作为西周晚期至春秋早期曾国的重要政治中心，枣阳郭家庙曾国墓地出土的高等级墓葬和大量的兵器、车马器证实了曾国国力强盛，曾国是名副其实的军事强国。据统计，枣阳郭家庙曾国墓地共发现兵器211件。兵器种类有钺、戈、剑、镞、盾等，其中95%以上是攻击性器具，防御性器具仅见盾一种。器物采用合范浇铸，铸造方法均为一次浑铸而成。

曾伯陭青铜钺，枣阳郭家庙21号墓出土。整体呈"T"字形，通长19.3厘米，刃宽14.8厘米，器身较扁，刃部宽阔，刃角上翘呈"U"字形，长骹中空。刃部两面各铸有9字铭文，连读为"曾伯陭铸戚钺，用为民刑，非歷殹刑，用为民政"，表明器物主人为曾国的国君陭。该时期青铜钺分为大小两种形制，大型钺多为象征政治军事权力的礼器，小型钺多为实用兵器。这件钺虽然形制较小，但跟大型钺的功能一样，为典型的礼器，是代表王权和体现国家法律尊严的器物，是当时的曾国国君陭行使王权的象征。

曾伯陭青铜钺

曾伯陭青铜钺正面

曾伯陭青铜钺背面

枣阳郭家庙曾国墓地共出土车马器 3113 件。车马器种类多样，主要有害、辖、毂饰、踵饰、衡饰、銮、镳、节约、轭饰、环、带扣、铃、马冑等。器物多采用合范浇铸，多为一次浑铸成形，少数复杂器物运用分铸法。器物表面铸有精美的纹饰，有兽面纹、龙纹、重环纹、蝉纹、蟠螭纹等，其中兽面纹饰器物数量最多。

铜銮铃，枣阳郭家庙 21 号墓出土。通高19 厘米，下銎口长径 11.4 厘米，短径 9.3 厘米，重 0.8 千克。銮分为铃体和铃座两部分，铃体呈椭圆形，中部为圆球形铃腔，正、背面中心各一圆形孔，正面以圆孔为中心四周等分为八个呈辐射状的三角形镂孔，铃腔内有一个弹丸。铃体下部有方柱与铃座相连接。铃座长方体，内空成銎，口略外张，四壁上、下部各有一个三角形和圆形孔，正、背面中部各三条、两侧面各一条竖向细凸棱线，间以两列四个菱形凸饰。

铜轭首，枣阳郭家庙 21 号墓出土。通高10.7 厘米，榫高 4.6 厘米，下銎口长径 4.8 厘米，宽 3.3 厘米。束腰梯形，内空。顶端铸有榫头，用以和銮铃座套合，榫头为等腰梯形，上端封闭，下端敞口，中空，内存灰褐色范芯土。榫头下口与轭首顶端的长方形銎口相接，下端銎口椭圆形。正、背面上部饰双龙纹，下部饰兽面纹。

2014 年，湖北省文物考古研究所、荆州文保中心等单位联合对郭家庙墓地曹门湾墓区进行了发掘，共清理西周晚期至春秋早期车坑

铜銮铃

铜轭首

1座、马坑2座、车马坑1座。

　　曹门湾墓区1号车坑长32.7米，宽4米，葬车28辆，车为东西纵列式，车饰齐全，出土车构件、车饰约122件(套)，多数车上带有軎、毂饰、辕首饰、銮铃等铜质构件，是目前发现的同时期长江流域最大的车坑。车坑的北沿和南沿分别发现有16个柱洞，推测车坑填埋前上方建有类似车棚的建筑，来保持填埋时的完好状态，这种做法可能与"诸侯五日而殡，五月而葬"的礼制有关，这是迄今为止发现最早的此类遗迹。

　　曹门湾墓区1号马坑长9米、宽8米、深2米，葬马49匹。马匹均是被杀死后葬于坑中。除南北部马匹摆放整齐外，其余部位则比较凌乱，有上下叠压的现象，所有马头排列多见两个一组。

曹门湾墓区1号车坑全景

曹门湾墓区1号车坑沿柱洞

曹门湾墓区 1 号马坑全景

　　郭家庙墓地曹门湾 1 号墓西南出土的陪葬车坑、马坑，不仅对研究古代随葬制度具有重要价值，同时也显示了当时曾国强大的军事实力。

　　虎食人铜车軎，出土于郭家庙墓地曹门湾墓区 55 号墓，共 2 件，一件通高 6.7 厘米、底径 8.2 厘米，另一件通高 7 厘米、底径 8.1 厘米。车軎用来装饰和保护马车的轴头，使用时套在车轴和车轮的外档，防止车轮滑出。此对车軎的装饰纹样设计较为特殊，是较为罕见的虎食人主题纹饰，车軎下部饰有一圈虎纹，上部作圆筒形，上下结合形成一圆雕虎首，虎齿和人面浮雕于顶面，老虎凸目高鼻、双耳阔大，虎口张开衔一人首，近距离观察可以发现，大张的虎嘴并没有吞食，人首也未现恐惧之态。

　　虎食人主题是青铜器装饰纹饰中较为特殊的一类标题，始见于商代早期，一直流传至春秋时期，著名的后母戊鼎、三星堆铜龙虎尊、阜阳龙虎尊都有虎食人题材的纹饰，以虎口中含有人头为典型标志，其文化内涵有人虎和谐共存、巫师作法、虎驱鬼魅等诸多解读。古人将老虎视为神物，设计虎食人车軎应该意在象征军队勇猛无敌。

虎食人铜车軎

增矢,曹门湾1号墓出土。增矢是一种箭名,其圆头铜镞,是一种弋射用具,它也是古代八矢之一。《周礼》记载:"司弓矢掌六弓、四弩、八矢之法……凡矢:枉矢、絜矢,利火射,用诸守城车战;杀矢、鍭矢,用诸近射田猎;增矢、茀矢,用诸弋射;恒矢、痺矢,用诸散射。"墓内还出土弓、增矢、缴线轴的组合,是迄今所见最早的成套弋射用具。

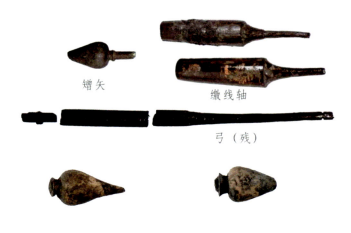

增矢　　　　　缴线轴

弓(残)

增矢

曾侯絴伯秉戈,征集于曹门湾。戈是中国古代最早出现的兵器之一,被称为周代五兵之首,出现于商代,主要流行于商周时期。本件铜戈内尾铸有铭文"曾侯絴伯秉戈"。絴伯,曾侯之名。秉,即用的意思。曾侯絴伯可能是郭家庙墓地曹门湾墓区1号墓的墓主,这也间接证明曹门湾墓区1号墓可能是诸侯级别的墓葬,2号墓的随葬器物说明其为1号墓的夫人墓。整个曹门湾墓区应是以1号墓和2号墓为中心,陪葬大型车坑、马坑以及众多中小型墓葬的一处布局完整的墓地。曾侯絴伯铜戈和后期襄阳梁家老坟11号战国楚墓出土的曾侯戉铜戈共同填补了曾侯世系的空白,具有极高的研究价值。金银合金虎形饰,出土于郭家庙墓地曹门湾墓区1号墓。经检测含金量达87%,对于研究古代金属加工制作技术的发展具有重要的意义。

曾侯絴伯秉戈

金银合金虎形饰

文化繁荣

　　西周晚期至春秋早期，曾国在随枣走廊一带履行着守护周王室"南土"的重要使命。枣阳郭家庙、京山苏家垄等地点发现的曾国遗存证明了西周晚期至春秋早期曾国疆域广大。作为周代分封体系中的核心成员，曾国文化是周文化在南方的重要代表，其文化面貌与中原地区基本保持一致，具有鲜明的周文化特色，同时与周边诸侯国的密切交流融合使得曾国文化又具有突出的多元特征和强烈的地域特色。

　　青铜器作为政治等级和身份的象征，直接反映了当时社会的综合国力、生产技术和文化水平，正如"汉东之国随为大"的称号一样，作为先秦青铜制造技术的集大成者，西周晚期至春秋早期，曾国以巧夺天工的青铜器工艺表明其就是当之无愧的"青铜器的王国"。

　　西周晚期至春秋早期，曾国青铜器数量众多，品类齐全，造型奇特，纹饰精美，铭文丰富。该时期的曾国青铜文化在周文化为主体的基础上，表现出明显的个性特性和区域文化风格，并对周边楚、黄、卫、邓等方国青铜器文化产生积极的影响，是先秦南方青铜工业文明的中心，代表了中国青铜文明的巅峰。

　　根据相关数据显示，在对该时期的大型墓葬和遗址进行考古发掘时，基本上都能出土一批制作精美、工艺精湛的青铜器。枣阳郭家庙墓地出土了大量青铜器，仅 2014 年 11 月至 2015 年 1 月在曹门湾墓区就出土了 800 余件（套）青铜器。该时期的曾国青铜文化在保留中原周朝文化的基础上，开始呈现出自主的区域文化风格和个性特征，尤其表现在青铜器形制和铭文辞例方面。如郭家庙墓区 86 号墓出土的曾子伯旁晨鼎有铭文"曾子伯旁晨自作行器，则永祜福"，铭文本义属愿辞类，铭文格式为"行器+（则/尔）永祜福"形式，主要流行于西周晚期至春秋早期的汉淮流域，具有明显的地域性和时代性。

　　苏家垄遗址出土青铜器 1000 余件，其中青铜礼器 500 余件，器物放置有序，组合关系明确，器物形制多数具有周文化的典型特征，如铜鼎多为浅腹圜底，颈部装饰重环纹、窃曲纹，腹部装饰有垂鳞纹；簋多为带盖、敛口、兽形耳和三足形制，多见瓦纹、重环纹、窃曲纹等装饰纹饰。带铭文的器物大量出现，涉及诸多历史信息，如 88 号墓出土的四件有"陔夫人芈克"铭文的铜簋和三件有"陔夫人芈克"铭文的铜鼎。芈为楚国的国姓，"芈克"应为从楚国出嫁到曾国，证明了曾楚两国当时存在姻亲联系，是反映曾国与早期楚国交往关系的考古实证；79 号墓出土了一组 5 件曾伯桼铜升鼎，有别于传统的圜底鼎造型，为立耳、垂腹、束腰形制，是曾国在周文化的基础上结合江汉地区地方文化发展出来的器物形制，该器型被楚国青铜器吸收并在战国时期发展成为楚国定鼎的典型形态，为研究楚式升鼎的源流提供了重要资料。

曾子伯窅晨鼎　　　　　　　　　　曾伯桼铜升鼎

　　礼乐文明是中国古代文明的重要组成部分。《史记·周本纪》载："既绌殷命，袭淮夷，归在丰，作《周官》。兴正礼乐，度制于是改，而民和睦，颂声兴"，表明周王朝在殷商旧礼的基础上，建立起了一套完整的礼乐制度，其核心是以"礼"强调规范，以"乐"倡导和谐，其根本目的是巩固维护封建等级制度和统治社会。西周时期，礼乐制度最为兴盛；进入东周后，因周王室衰微和诸侯国实力大增，开始出现"礼崩乐坏"的现象，僭越礼乐制度的情况不断发生。曾国作为周王朝分封在汉水流域的诸侯国，其礼乐制度一直以周王朝为正统，遵循以鼎为核心的列鼎列簋制度和辅以编钟为核心的乐器乐悬制度，同时在与周边方国的交往中不断创新发展。

　　《左传·成公二年》记载："器以藏礼，礼以行义"，即礼乐制度主要是通过礼乐器的使用来表现，礼乐器是专门与礼行相关的特殊器具，主要有青铜器、陶器、瓷器、玉器、车马和车马器等。列鼎制度又称用鼎制度，是指在一个墓葬中发现的一组形制相同、纹饰相同、大小依次递减的鼎的组合。

　　列鼎制度萌芽于西周早期，西周中期趋于成熟，西周晚期至春秋早期最为盛行，春秋中晚期，越礼的现象开始出现，用鼎制度遭到了破坏。《公羊传·桓公二年》记载："天子九鼎、诸侯七鼎、大夫五鼎、元士三鼎或一鼎。"鼎的多少标志着墓主人地位的高低，鼎与簋配合使用，鼎为奇数、簋为偶数，一般情况下，天子用九鼎八簋，诸侯用七鼎六簋，大夫用五鼎四簋，上士用三鼎二簋，下士用一鼎二簋。

　　根据现有的考古发现显示，西周早期至春秋早中期以来，曾国一直遵守周礼的列鼎制度，以陪葬礼器组合来"辨等列、明尊卑"，很少出现"逾礼"的现象。随州叶家山墓地是西周早期曾国的贵族墓地，出土青铜器类主要有鼎、簋、鬲、甗、爵、卣、壶、盉、盘等，组合关系明确，与周王朝中原地区礼器组合没有区别，其中 65 号墓为一座曾侯级别墓葬，出土的青铜礼器数量如下：鼎 7 件、簋 4 件、鬲 1 件、甗 1 件、爵 2 件、觯 1 件、尊 1 件、卣 1 件、壶 1 件、盉 1 件、盘 1 件，完全符合其作为曾国诸侯的身份。郭家庙墓地曹门湾墓区 43 号墓出土青铜礼器 5 件，分别为曾子□鼎 1 件、曾太保簋 2 件、盘 1 件、矢叔匜 1 件，器物放置有序，组合关系明确，墓葬规模较小，属于小型贵族墓葬，墓主人是士一级的贵族。苏家垄遗址 79 号墓出土青铜礼器 25 件，分别为鼎 8 件(升鼎 5 件、附耳鼎 3 件)、鬲 4 件、甗 1 件、簋 4 件、簠 4 件、壶 2 件、盘 1 件、匜 1 件，器物放置有序，组合关系明确，墓主人为曾国国君曾伯桼。墓中出土的传统的五鼎四簋和新出现的三鼎四簠器物组合表明春秋早中期曾国高等级墓葬中礼器组合出现变化，列鼎制度的表现形式开始出现新变化。

苏家垄遗址 79 号墓出土的鼎簋组合

苏家垄遗址 79 号墓出土的鼎簋组合

乐悬制度，产生于周公制定的周礼，即用钟、磬等大型编乐悬器单独或组合配制演奏，是礼乐制度的核心内容，也是体现钟磬音响和彰显贵族身份的标志。《周礼·春官》记载："正乐悬之位，王宫悬，诸侯轩悬，卿大夫判悬，士特悬，辨其声"，对王、诸侯、卿大夫、士等阶层的乐悬制度的规格、种类以及在不同场合演奏的钟乐曲调做了明确规定。乐悬制度具有严格性和规范性，不仅反映了两周时期的等级观念、文化内涵和价值取向，还对后世的音乐文明产生了重要影响。

礼乐制度主要通过礼乐器来表现，曾国考古发现了丰富的礼乐文物，对研究了解周代的礼乐制度和曾国的音乐体系具有重要意义。

枣阳郭家庙墓地出土了大量的音乐文物。曹门湾 1 号墓主人为曾侯绛伯，出土的音乐文物最具特色，出土的 2 件瑟，为 3 柄 17 弦，是瑟的早期形态；钟、磬架横梁（即簨）均为两端圆雕龙首，通体浮雕彩绘变形龙纹；钟、磬架立柱（即虡）均为圆、浮雕相结合的龙凤合体的羽人形象；钟、磬、建鼓架的底座（即跗）为通体彩绘垂鳞纹圆雕凤鸟造型。建鼓贯柱（即楹）高 3.31 米，彩绘蟠虺纹。钟、磬架以及建鼓是迄今发现最早的实物。经复原研究发现，1 号墓出土的编钟横梁和立柱可组成曲尺形，与编磬构成"轩悬"这一诸侯级的乐悬制度，与墓主人的诸侯身份相符。曹门湾 30 号墓的墓主人的身份为上大夫，出土了一组 10 件铜钮钟，形制统一、大小相次、音高稳定、宫调明确，完整呈现了徵、羽、宫、商、角的"五正声"宫调系统，是目前所知年代最早、数量最多、音乐性能成熟的编钮钟，被称为曾侯乙编钟的先声；同时出土了 2 件銮铃，1 件小铜铃，3 件钮钟，表明了钮钟正在从"铃形器"中分离出来，成为独立的钟属乐器。郭家庙 86 号墓是春秋早期墓葬，墓主人的身份为上大夫，出土了一张长约 92 厘米、宽约 35 厘米的琴，通体略似高髻人形，箱体由整木斫成，髹黑漆，属于"半箱琴"。该琴比曾侯乙十弦琴早约三百年，是距今时代最早的琴；同时出土了一件长 180 厘米、宽 34 厘米的瑟。该墓琴、瑟同出，为迄今时代最早的琴瑟组合。

曹门湾 1 号墓出土的钟磬簨虡

曹门湾 30 号墓出土的铜钮钟

　　郭家庙墓地出土的音乐文物，进一步丰富和完善了从西周早期叶家山墓地至战国早期曾侯
乙墓之间所出土曾国音乐文物的序列，对研究中国古代音乐发展历程具有重大意义。其与西周
早期叶家山墓地、战国时期擂鼓墩墓群共同出土的大量音乐文物，一起勾画出了一个从叶家山、
郭家庙到擂鼓墩这一曾国诸侯乐悬制度的纵向发展序列。表明曾国在七百余年发展历程中，在
礼乐文明上保持中原文化正统的基础，并不断吸纳多种文化元素有序发展，成为了华夏正声的
代表，影响深远。

五 曾国职责

随仲羋加鼎

湖北省博物馆随仲羋加鼎盖内铭文拓片

随大司马嘉有之行戈

　　目前考古资料中少有的"随"字铭文青铜器不得不提"随大司马嘉有之行戈"，这是我国第一次科学考古发掘出土的随国铜器。2009 年 6 月，湖北省考古研究所接到举报，称位于随州市文峰塔社区居委会二组的地下有编钟等文物。经考古人员现场严密勘探和小面积挖掘，初步确定为春秋晚期至东汉年间墓群。2012 年 6 月，启动发掘工作，陆续发掘 65 座墓葬。墓群发掘出土了青铜器、陶器、玉器等 1000 余件各类文物，半数以上属青铜器。其中位于曾国墓葬区的文峰塔 21 号墓中发现了这件戈，长 21 厘米、宽 10 厘米，略有残破，表面有清晰的九字铭文，内容是"随大司马嘉有之行戈"。"随"为国名，"大司马"是古代掌握兵权的官员，"嘉有"是人名，即兵器戈的主人，身份相当于随国"国防部长"。经推算，文峰塔 21 号墓的年代比曾侯乙墓大约晚 100 年左右。

　　曾随同国尘埃落定，让曾国迷雾和学术疑云散去，让历史真相照进现实。曾国是一个存在于西周早期到战国中期的、有着非常完整世系的诸侯国。它在以随州为核心的地区，绵延纵横了 700 余年，留下了灿烂的青铜文明以及举世瞩目的礼乐文化。

镇抚淮夷

《左传》中"封建亲戚，以藩屏周"是对西周分封制的笼统概括。周王室的族姓是姬姓。西周立国之后，实行分封制，将王室贵族和功臣分封到各战略要地，并通过相互联姻将与周天子同姓和异姓的诸侯统一在周朝封建制下。西周统治者通过分封、宗法及世官等制度将周邦与天下多邦"合为一家"。西周分封制表面上是"分"，实质上是"合"，即在王畿及四土的疆域范围内通过分封同姓亲族及异姓贵族，达到将点连线，进而扩充至面，以维护其政治统治的目的。王畿采邑和畿外封国皆是西周王朝分封制的组成部分，但从拱卫周王室的实际效果来看，同姓封国依然是维护西周政治统治的中坚力量。

曾侯與甬钟的铭文上就有提到："曾侯與曰：伯适上庸，左右文武；挞殷之命，抚定天下。王遣命南公，营宅汭土。"其大意为：曾侯與先祖伯括即南公。南公适（括）受到周天子重用，辅佐文王和武王完成了攻打殷商的使命，最后安定了天下；因此周天子派遣南公到南方经营疆土。

依据铭文再结合西周初年的分封制度，我们得知南公家族的始祖南宫适（括）和封国在鲁的周公、封国在齐的太公以及封国在燕的召公一样，南公本人留在王都辅佐周王，其子犺来到封地曾国，王室仍有南公后裔世代任职。今陕西出土的不少青铜器铭文证明南公家族地位显赫，一直延续到西周晚期。叶家山曾侯犺墓也是目前发现早期曾国墓葬中规模最大的一座，证明曾国在始封之初，实力强大。

曾国的建立，属于西周王朝经营南方大策略的重要部分，是经略南方的桥头堡，对应曾侯與铭文中的"君庇淮夷，临有江夏"，警戒淮夷，监视江夏的异动，实现周王朝对江汉、淮夷的有效控制。淮夷部族集团因多次与周王朝争夺铜矿资源，爆发激烈战争。曾国作为经略南土的中坚力量，在"镇抚淮夷"中起到重要作用。

西周末年，平王东迁，王室衰微，各诸侯间为了拓展版图征战不断。处在荆楚大地的楚国意图东进，受到以曾国为代表的"汉阳诸姬"的障碍。于是，楚国进行了多次伐随战争。据《史记·楚世家》所载，公元前706年，楚武王亲自带兵发动了对随国的第一次征伐。此时的随国疆域辽阔、实力雄厚，又有"汉阳诸姬"做后盾，不惧怕楚国，面对楚国的来犯，随国修政备战，楚武王第一次伐随之战无功而返，使得楚人发出了"不得志于汉东"的感慨。

郭家庙墓地出土了大量带有铭文的青铜器，通过对铭文的解读，以及查阅文献记载，证明曾国与汉水、淮河流域的黄、邓、蔡等诸侯国保持着紧密的关系。1972年随州均川熊家老湾出土了"黄季嬴"铜鼎，鼎铭文释文为：黄季作季嬴宝鼎，其万年子孙永宝用享。铭文说明此鼎是黄国的嬴姓女子为嫁到曾国所作的陪嫁品，见证了曾国与黄国的联姻，同样带有铭文的黄朱"木宅"铜鬲也在京山苏家垄曾国墓地中发现，说明曾国和黄国在春秋早期关系密切。黄国的主要地盘在江淮流域一带，是当时淮河流域实力较强的国家之一。此时黄国在对待楚国的关系上，态度鲜明，与随国保持统一立场。《左传》中记载："夏，楚子合诸侯于沈鹿。黄、随不会，使薳章让黄。楚子伐随，军于汉、淮之间。"意思是桓公八年夏天，楚武王在今天湖北钟祥县东的沈鹿与诸侯会盟，只有黄、随两国不参加会见。楚武王于是先派薳章前去责备黄国，然后亲自率军讨伐随国，军队驻扎在汉水、淮水之间。此即公元前 704 年的楚第二次伐随。公元前 690 年，楚第三次伐随，无功而返，楚武王也死在了第三次伐随的征程中。

　　曾国核心控制区域的地理位置至关重要。首先是随枣走廊，它是横亘在桐柏山与大洪山之间、由西北向东南走向的一条天然狭长通道。它的东北面为桐柏山，是湖北与河南的界山、淮河发源地；西南面是大洪山，隔开了南阳盆地、江汉平原。它之所以被称为"随枣走廊"，是因为随州、枣阳扼守它的关键之处。

　　除了随枣走廊之外，这片区域还有一条"夏道"。它是伏牛山的山体里断断续续的丘陵中形成的通道，伏牛山是南阳盆地与黄淮平原的分界线，传说这里夏代就出现了通道，所以被称为"夏道"。商、周王朝通过这些"夏道"，把影响力推进南阳盆地，进而影响江汉地区。

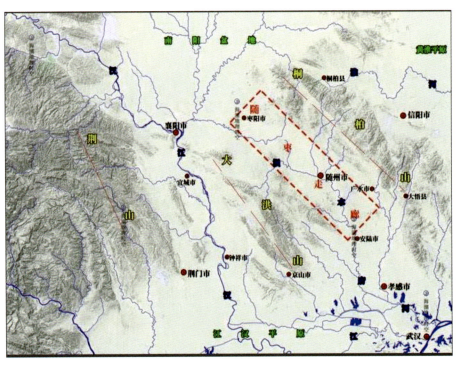

随枣走廊

纵观整个曾国考古发掘所揭示的曾国历史，西周晚期到春秋早期这一阶段，曾国的疆域面积最为宽广，军事实力也是最为强大的。湖北境内的枣阳郭家庙和熊集段营、京山苏家垄、随州均川熊家老湾、何店何家台、安居桃花坡、万店周家岗等随枣走廊一带的地点都发现了西周晚期至春秋早期的曾国遗存。从遗存分布地点来看，这一时期的曾国占有汉水以东、汉水以北直至南阳盆地一带的广袤区域，对于拱卫周王室发挥着重要作用。

金道锡行

曾国另外一个重要职责是负责"金道锡行"，即作为铜矿运输的中转站。"国之大事，在祀与戎"，意思是国家的大事是祭祀与战争。青铜时代，铜矿无疑是最重要的资源，它不仅可以制作成礼器乐器，营造王朝统治的仪式与威严，还可以制作成兵器和钱币，拱卫政权发展经济，所以丰富的铜矿资源是一个国家政治经济军事的重要保障。

周王室把重臣分封在随枣走廊，让曾国成为监视"蛮夷之国"或楚人的前哨，同时间接控制着铜矿资源的运输通道，今湖北黄石大冶铜绿山、安徽铜陵、江西瑞昌等地区在两周时期成为重要的铜矿来源地，从这里到中原形成一条铜矿运输通道，随枣走廊就是其中的一段，与诸条"夏道"相连，把长江中下游的铜资源运输到中原。

"金道锡行"最早见于春秋早期曾伯桼簠盖铭文中"克逖淮夷，抑燮繁阳，金道锡行"的记载，其中繁阳是南方铜矿产地，"金道锡行"意思是金（铜）锡运输之道畅通无阻。

曾伯桼簠盖现藏中国国家博物馆，内底铸有铭文："唯王九月初吉庚午，曾伯桼哲圣元武，元武孔致，克逖淮夷，抑燮繁阳，金道锡行，既具俾方。余择其吉金黄铝，余用自作旅簠，以征以行，用盛稻粱，用孝用享于我皇祖文考，天赐之福，曾桼遐不黄耇，万年眉寿无疆，子子孙孙永宝用之享。"

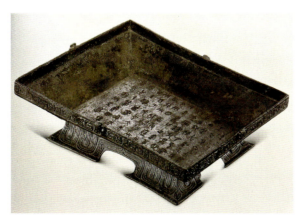

曾伯桼簠盖

曾伯桼铜壶

2015 年，考古工作者在京山苏家垄发现了曾伯桼的 79 号墓及其夫人的 88 号墓，其中夫人墓出土铜壶的铭文与传世的曾伯桼簠盖铭文内容有相似之处。

曾伯桼铜壶通高 50.2 厘米、口径 18.1 厘米。器形高大厚重，盖顶有镂空莲瓣形冠，颈、腹部饰环带纹。纹饰边缘凸起，增强了其立体感和流动感。铭文位于壶盖、壶腹内壁。壶腹铭文为："唯王八月，初吉庚午，曾伯桼哲圣孔武，孔武元犀，克逖淮夷，余温恭且忌，余为民父母。惟此壶章，先民之尚。余是楙是则，允显允异。用其鎬鐐，唯玄其良，自作尊壶，用孝用享于我皇祖，及我文考，用赐眉寿，子孙永宝。"盖部铭文与壶腹基本一致。

通过对京山苏家垄进行系统勘探与发掘，这里被确认是一处包括西周晚期到春秋早期墓地、居址、冶炼作坊的曾国大型城邑。

在早期曾国墓地中，还发现有铜锭。叶家山 28 号白生墓、111 号曾侯犹墓的随葬品中均有发现。28 号白生墓出土的两件铜锭主要成分为红铜，即纯铜，铜含量达 99% 以上。铜锭是铸造青铜器的原料，而青铜器又是先秦时期权力、财富的象征。在青铜器铭文中有不少关于周王"赐金"的记载，这里的"金"指的就是铜。

"金道锡行"的内容和苏家垄冶炼遗存的发现揭示了曾国在周王朝控制铜锡原料运输路线中的关键作用，负有为中央王朝打通东南地区以保证铜料供应的重要使命。

再晚至战国早期的曾侯乙墓中，出土铜量约 10 吨。显示曾国不仅拥有对铜矿资源的运输和掌控，其青铜的铸造艺术也达到登峰造极的地步。

六

曾随入楚

目前已知的曾国历史是通过考古发掘而逐步揭示的，叶家山、郭家庙、苏家垄、义地岗、擂鼓墩墓群等丰富的考古材料，证明曾国这个在历史长河中熠熠生辉的诸侯国，是周王室分封到南方的重要诸侯国。曾国不仅见证了周朝的政治变迁，更孕育了丰富多彩的文化艺术。而历史上，楚国先后位列春秋五霸、战国七雄，国力最盛时号称"地方五千里，带甲百万，车千乘，骑万匹，粟支十年"。曾国从在江汉地区独领风骚到滋养楚国最后融入楚文化的发展历程，是先秦时期长江中游地区文化发展和融合的见证。

左右文武

西周时期，早期曾国作为周王室的南方屏障，是周王室南方伐楚的排头兵。2009 年随州文峰塔曾侯與钟上的长篇铭文有"左右文武"内容，意思是西周早期曾国辅佐周文王、周武王，表明在当时曾国就是周王朝的南方屏障，堪当王室藩屏之任。而《史记·楚世家》记载"熊绎当周成王之时，举文、武勤劳之后嗣，而封熊绎于楚蛮，封以子男之田，姓芈氏，居丹阳"，《左传》称楚"土不过同"。以上文献记载均表明，西周早期立国之初的楚国是个蕞尔小国，国土狭小、国力屡弱，被视为蛮夷，在当时的地位远不如姬姓宗亲的曾国。叶家山 2 号墓中出土了一件斗子鼎，上面的铭文出现了"丁子（巳）""戊午""己未"三个重要的时间，大致意思为，一位叫斗子的贵族，去周王朝都城参加了一次重要的祭祀活动。首日，周天子有重要的祭祀典礼，次日斗子见师尚父，在仪式上用到了一头白色公牛，第三天，周王赏赐了此次参加典礼的各位诸侯，斗子也获得了赏赐。斗子鼎在曾国出土，参加了"王赏多邦国"的重要盟会，推测应当是周成王时期的"岐阳之会"。而据《国语晋语》：昔成王盟诸侯于岐阳，楚为荆蛮，置茅绝，设望表，与鲜卑守燎，故不与盟。由此可知，楚国国君熊绎也参与了此次盟会，根据身份等级，他被安排的任务是"守燎"，站在大殿之外守望会场前的火炬，楚国被视为蛮夷，可见早期弱小的楚国与曾国的地位悬殊极大。

西周晚期至春秋早期，曾国迎来了其发展的黄金时期，有着强大的国力和发达的文化，依然是周王室在南土的重要诸侯国。在这一时期，曾国不仅巩固了其在江汉地区的统治地位，还积极对外扩张。同在汉水之东的诸侯国鄂国早期与周王室关系密切，和曾国同为周王南征的两个重要基地，共同镇守西周南土疆域。随着周王朝式微，鄂侯反周，被周厉王所灭，曾国接管了其原有疆土，形成"汉东之国随为大"的局面。

2019 年 9 月 10 日，国家文物局举行新闻发布会，宣布流失日本的曾伯克父青铜组器成功追索回国，这是我国近年来在国际文物市场成功制止非法交易、实施跨国追索价值最高的一批回归文物。整组青铜器共计 8 件，包括 1 件鼎、1 件簋、2 件盨、1 件甗、2 件壶、1 件霝，不仅品类丰富，而且保存完整，综合分析其形制、纹饰、铭文、铸造等方面的特征，专家认为曾伯克父青铜组器的时代应为春秋早期。尤为重要的是，这 8 件青铜器均有铭文，铭文书体风格一致，器物的主人为"曾伯克父甘娄"，其中"曾"为国名，"伯"表示排行老大，"克父"和"甘娄"是他的字与名。由此可知，曾伯克父青铜组器的主人为曾国的高等级贵族。在具体实施的礼制中，曾伯克父青铜礼器组合的复杂程度所体现的等级大体与曾伯文、曾伯桼相当，表明曾伯克父在曾国具有很高的社会地位。

曾伯克父铜鼎

曾伯克父铜鼎的腹部装饰有一圈重环纹和一圈凸棱，下腹部素面。器底部有烟炱痕迹。内壁铸有 46 字铭文："伯克父甘娄乃执干戈，用伐我仇敌，乃受吉金，用自作宝鼎，用享于其皇考，用赐眉寿黄者，其万年子子孙孙永宝用享。"意为伯克父甘娄用讨伐仇敌所得的吉金制作了这件鼎，用以祭祀祖先，祈求长寿。

曾伯克父铜簋

曾伯克父铜簋两侧有兽形耳，圈足下有三个镂空曲状龙足。盖顶正中心装饰有凤鸟纹，外围有一周勾连纹。盖的内壁及器物底部均铸有铭文："唯曾伯克父甘娄自作大宝簋，用追孝于我皇祖文考，曾伯克父其用受多福无疆，眉寿永命，黄者霝终，其万年子子孙孙永宝用。"

曾伯克父铜盨

两件曾伯克父铜盨形制、纹饰基本相同。盖顶有四个矩尺形状的纽，腹部立有两兽形耳。盖和器身装饰窃曲纹、瓦纹、垂鳞纹等，是两周之际前后流行的纹饰。盖及内壁均铸有铭文 16 字："唯曾伯克父甘娄乃用作旅盨，子孙永宝。"盨是盛放黍、稷、稻等饭食的器具，"旅盨"二字解释为旅途中使用的盨，类似于我们现在所用的餐盒。盨流行于西周晚期，到了春秋早期就比较少见了，后来逐渐由"铜簋"所取代。

曾伯克父铜甗由上部的甑和下部的鬲两部分组成，内壁铸有铭文16字："唯曾伯克父甘娄乃用作旅甗，子孙永宝。"

曾伯克父铜甗

曾伯克父铜壶两件，大小、形制、纹饰基本相同。壶身从上至下皆以纹饰带装饰，层次分明。盖内及器身口沿内均铸有铭文："唯曾伯克父自作宝飤壶，用匄眉寿黄耇，其万年子孙永宝用。"

曾伯克父铜壶

曾伯克父铜霝纹饰简约而极富艺术感。其颈部修长、素面无纹，仅以一条凸棱分隔。肩部设有半环耳一对。器身装饰大面积的平行竖线纹，并以三角纹交错其中。颈部凸棱下铸有铭文8字："曾伯克父自用作飤霝。"霝这种器物类型并不多见，用于盛酒。类似纹饰和形制的霝此前曾出土于随州均川熊家老湾、烟台上夼村西周墓和莱阳中荆乡河前村，但自名为"霝"的仅此一件。

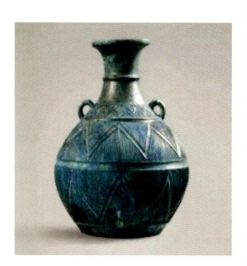

曾伯克父铜霝

专家推测，曾伯克父青铜组器可能出自湖北随枣走廊一带的曾国墓葬。其出现补充和印证了曾国高等级墓葬的考古发现，为研究春秋时期历史文化、礼乐制度和曾国宗法世系提供了重要材料，对青铜器的断代与铸造工艺研究也具有重要的学术价值，实证了曾国在春秋时期是江汉地区重要的诸侯国。

曾楚结盟

时光流转，楚人以"筚路蓝缕，以启山林"的精神奋发图强。西周晚期楚国也处于一个扩张的态势，《史记·楚世家》记载："当周夷王之时，诸侯或不朝，相伐。熊渠甚得江汉间民和，乃兴兵伐庸、扬粤，至于鄂。……周厉王之时，暴虐，熊渠畏其伐楚，亦去其王。"然而在名义上，当时南方的第一大国还是曾国。这成为楚人的心头之患，故而有"吾不得志于汉东"之叹。为了打通汉水通道联系汉淮地区以获取资源，文献记载楚国多次讨伐"汉阳诸姬"之首、阻止其东进的最主要障碍——曾国。《史记·楚世家》："（楚武王）三十五年，楚伐随。随曰：'我无罪。'楚曰：'我蛮夷也，今诸侯皆为叛，相侵或相杀。我有敝甲，欲以观中国之政，请王室尊吾号。'随人为之周，请尊楚，王室不听，还报（楚）……乃自立为武王，与随人盟而去。"公元前706年，楚国攻打随国，随国说："我没罪，你为何打我？"楚回答："因为我是蛮夷。"这次伐随，楚王要求随侯传话周天子，希望去除蛮夷身份，得到正式名号。随侯由于惧怕楚国，便向天子进谏，但周天子没有同意。尽管楚暂时退回，但国力增长，也拉开日后楚国多次伐随的序幕。公元前704年，楚武王二次伐随。这一年，楚武王召集周边小的封国一起召开沈鹿会盟，随国没有参加。楚武王大怒，再次率军攻打随国，随国大败，最终楚国和随国签订盟约，随国逐渐沦为楚国的附庸。楚随签订盟约后，周天子召见随王，责备他私自与楚联盟，间接承认了楚国的地位。楚武王知道后，认为随国背叛了自己。公元前690年，楚武王发兵，第三次攻打随国，但楚武王在伐随时病死军中。楚国秘不发丧，随不知情，对楚国军事实力感到惧怕，便再次派人和解，楚随两国重新结盟。

经过楚国历年多次讨伐，曾国最终确定世代与楚结盟，曾楚文化开始频繁交流融合。2009年在随州文峰塔1号墓里出土了一件青铜甬钟，它的主人是春秋晚期的曾国国君曾侯與。在这件青铜钟上一共留有长达160多字的铭文，记录了很多重要的历史信息，是研究曾国历史非常重要的一件文物。钟铭文里提到，春秋中晚期，周王室衰微，曾国与此时国力上升的楚国结盟。公元前506年，吴国军队攻破了楚郢都。在这次战争中，曾国遵守了与楚国之间的友好同盟关系，曾国和楚国共同抵御了吴国，并协助楚昭王复国。此事件与《左传》记载的"吴师入郢""昭王奔随"正好对照。据记载，楚平王时期，伍子胥之父伍奢任太傅。太子建与太傅伍奢非常亲近，而对搬弄是非的少傅费无极十分冷淡，为了保住自己在楚国的地位，费无极便向楚平王诬告太子建和伍奢叛乱。于是楚平王将伍奢拘禁，并在费无极的谗言下以赦免伍奢为理由召其两个儿子伍尚和伍子胥回郢都。伍尚到郢都后，伍氏家族被灭族。伍子胥带着复仇的执念出奔吴国。伍子胥到吴国后进行了一系列改革，积极为吴王阖闾谋划伐楚大计。《左传·定公四年》："冬，蔡侯、吴子、唐侯伐楚。"公元前506年，吴国大军在孙武、伍子胥的指挥下，联合蔡、唐两国攻打楚国，双方战于柏举，楚国战败，吴师乘胜攻入楚国郢都。楚昭王仓皇逃亡至随国，尾追而来的吴军要求随国交出楚昭王，许诺把汉水以东土地划归随国，作为交换条件。随国拒绝了吴国的威胁利诱，在关键时刻挺身而出保护了楚昭王，随后楚大臣申包胥到秦国请求救援，楚昭王在秦军的帮助下，恢复了楚国。

　　从考古发掘的曾侯與甬钟、曾侯邡甬钟和楚王熊章镈钟这三件文物的铭文中，能直观地感受到曾国与楚国之间深厚的历史渊源与文化交流。

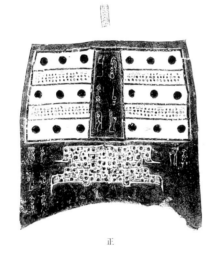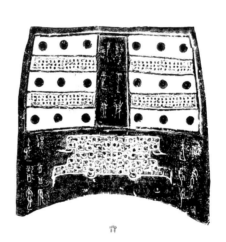

正　　　　　　　　　　　背

曾侯邡甬钟

　　2011年9月，随州文峰塔4号墓出土了一件铜甬钟，这件甬钟的主人为曾侯邡，钟铭文有"左右楚王"的内容，与曾侯與钟上"左右文武"相对照，恰好反映出曾国从西周时期周王朝的诸侯国转变为楚国盟国的过程。

　　楚王熊章镈钟上也有反映战国时曾、楚关系的铭文。其钲部31字铭文，显示这件镈钟是"楚王熊章"即楚惠王，为曾国国君曾侯乙制作的祭奠宗庙的器物，楚昭王是楚惠王的父亲，曾侯乙应该是保护楚昭王的随君后裔，楚惠王铸编钟来感谢他，正是报德之意，印证曾国救楚王于危难之中的历史。曾侯乙将镈钟用于宗庙，反映了曾楚政治上交往密切。

　　曾国臣服于楚国之后，其诸侯国地位依旧保留，双方达成盟友关系。楚国强大后灭过很多国家，独独保留曾国地位，当与曾侯乙的先辈曾经救楚王有关。曾侯與钟铭文记载了公元前506 年吴国攻破楚国都城，曾侯救楚王这一事件。也正因如此，紧随其后的曾侯乙，才有楚王熊章亲自赠送镈钟等礼遇。为感激楚王的恩德，曾侯乙把楚王赠送的镈钟中的一件列入自己使用的一套编钟，挂在下层正中位置，这套编钟就是我们看到的曾侯乙编钟。

　　既斗争又联合是先秦时期诸侯国之间政治局势的常态。曾国和楚国时有战事，亦有联姻。现有考古材料说明西周至春秋中期曾楚联姻频繁，数位曾侯与楚国芈姓女子联姻。如曾姬无卹为楚声王娶自曾国的夫人，曾伯桼夫人为芈克，曾公求夫人为芈渔，曾侯宝夫人为芈加等，联姻不仅加深了两国之间的政治联系，也促进了文化的交流与融合。

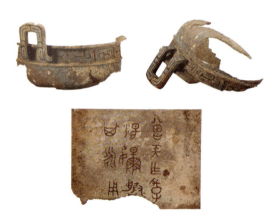

曾侯作季汤芈鼎及铭文

　　2002 年出土于枣阳郭家庙墓地的曾侯作季汤芈鼎，是春秋早期曾楚联姻的见证。该鼎是两周之际常见的曾国铜鼎，铭文残存"曾侯作季……汤妳（芈）媵……其永用……"，可知是曾侯为某位嫁到了曾国的芈姓楚国女子作的鼎，说明曾国与楚国有通婚关系。媵器上的铭文往往表明了女子的国名、族姓。各国之间常常通过婚姻加强相互之间的关系。贵族之间通婚常用青铜器作为陪嫁。这种陪嫁的青铜器称为媵器，以示隆重纪念，并有祝福之意。

陔夫人芈克铜簠

2014 年苏家垄墓地 88 号芈克墓中发现一件铜簠，时代为春秋早期，铜簠上有"陔夫人芈克"铭文，"克"为楚国女子的名。苏家垄墓地考古发掘的最重要的墓葬有两座，79 号墓主人为芈克夫君曾伯桼，说明曾伯桼娶了一个楚国女子为夫人，从铸有"夫人"铭文的器物所体现的级别上看，只有国君的妻子可以被称为"夫人"，因此这也预示着"曾伯桼"为曾国国君级别的人。这件"陔夫人芈克"铭文铜簠也是现今可见较早的反映曾国与早期楚国关系的考古实证。

曾孟芈谏盆

曾孟芈谏盆，清末出土于湖北襄阳太平店，年代为春秋中期。盖内、腹部铸有相同的铭文："曾孟芈谏作饗盆，其眉寿用之。"铭文中的"孟"同"兄"，是家里排行老大。姓"芈"名"谏"，是一位出嫁到曾国的芈姓女子自作之器。"盆"是商周礼器中水器的一种，属于较高等级的青铜礼器之一。

楚屈子赤目簠

楚屈子赤目簠，1975年于湖北随州鲢鱼咀出土，铭文为："惟正月初吉丁亥，楚屈子赤目
媵仲嬭璜飤簠，其眉寿无疆，子子孙孙永宝用之。"这件器物是楚国名为"赤目"的屈氏贵族，为
女儿"嬭璜"制作的陪嫁品。这件器物是曾、楚之间互通婚姻的又一例证。

春秋中期的楚王媵随仲嬭加鼎是楚王为嫁入随国的第二个女儿嬭加制作的嫁妆。2019年随
州枣树林墓地分别发现了嬭加及其夫君曾侯宝的墓葬，在嬭加的墓中还发现有成套的编钟，这
也是春秋时期曾国考古中唯一出土编钟的夫人墓，由此可见嬭加威仪及权势，这些都是曾楚联
姻的见证。

文化融合

从春秋早期直至战国时期，曾国与楚国延续了上百年的和平，政治上互相扶持，文化上深
度融合。例如，战国早期曾侯乙的九件升鼎中代表其等级地位的正鼎为平底束腰的"楚式升
鼎"，这类鼎并不见于周文化的核心周原地区，往往只在楚国及与其有密切关系的诸侯国墓葬中
发现。楚式升鼎是受西周中晚期的立耳垂腹鼎影响逐渐形成的。苏家垄出土的春秋早期曾国升
鼎，是最早的平底束腰升鼎，可能是楚式升鼎的祖型，说明曾国到达江汉地区后极好地融合了
地方文化因素并在自身的发展中进行了创新。铜升鼎的形制在曾楚交往中，被楚国人所接纳、
吸收并改良。

曾姬无卹壶作为重器随葬于楚幽王墓被发现，不仅表明楚声王的夫人来自曾国，即战国初
年，楚国应当没有"灭"掉曾国；同时也可能暗示曾、楚一起迁移，最后汇入中华一统的历史
长河。

目前已发现的晚于曾侯乙的曾国国君级别的墓葬有擂鼓墩2号墓和文峰塔18号曾侯丙
墓，显示出曾侯乙之后的曾国仍维持了近百年。曾侯丙是考古发现年代最晚的一位曾侯，他
的墓室虽然早年被盗，但仍出土了70余件青铜礼器，包括鼎、簋、簠、鬲、鉴、方壶等成套
组合。特别是一件装饰错金云纹并镶嵌绿松石的铜鉴缶，其精湛工艺不仅展现了战国时期高
超的青铜工艺水平，更彰显了墓主人的显赫地位。在墓坑外东西北三面还各有一个方形的小
附葬坑，其中北坑内发现了两件铜方缶，铜缶上有铭文"曾侯丙之赴缶/硖以为长事"，通过
器物铭文及墓葬规模等线索证实了曾侯丙作为一代曾侯的身份，也证明了曾国的历史延续到
了战国中期。

曾侯丙铜鉴缶

　　通过对曾国考古遗存的系统梳理，我们了解到西周早期的曾国统治中心集中于今随州漂水以东至今湖北安陆一带，庙台子遗址可能是其早期都城；西周晚期后曾国进入国力鼎盛时，其疆域得到了迅速的拓展，两周之际的曾国占有汉东、汉北直至南阳盆地一带的广袤区域，成为名副其实的"汉东第一大国"，郭家庙及其邻近的周台、忠义寨遗址群和京山苏家垄遗址即为见证；春秋中晚期至战国中期，曾国势力范围收缩至随州中部的市郊一带。这种疆域变化与楚国在江汉地区的扩张密切相关，反映了曾楚力量对比的历史性转变。曾国疆域经历了显著的变迁，也可以从一个侧面反映出曾国这一周王朝南土的重要诸侯国从兴盛到最终融入楚国的历史轨迹。

　　曾楚两国都高度重视礼乐文明的建设与发展。曾国作为周王朝分封在南方的重要诸侯国，其礼乐制度深受中原文化的影响；而楚国则在长期的发展过程中，形成了独具特色的礼乐文化。两国在礼乐文明上的交流与融合，不仅推动了礼乐制度的完善与发展，也为后世留下了宝贵的文化遗产。

　　曾国职责从"左右文武"到"左右楚王"，见证了曾楚两国文化的交融与发展，曾随入楚的历史进程，是先秦时期民族融合与文化整合的典型案例，他们共同构建了独具特色的荆楚文化风貌，也为中华民族繁荣与发展提供了强大的物质保证与精神动力。

考古写就的曾侯世系表

时代	人物	备注
西周早期	伯括	曾公（田求）编钟铭文之"高祖"，嫡加编钟铭文"伯括受命"之伯括。与周公、召公一样，并未实际就封于曾地任曾侯
西周早期	曾侯谏	随州叶家山65号墓墓主
西周早期	白生	随州叶家山28号墓为曾侯墓，"白生"为其私名
西周早期	曾侯犺	随州叶家山111号墓墓主
两周之际	郭家庙M60墓主	
两周之际	曾伯陭	枣阳郭家庙21号墓墓主
两周之际	曾侯絴伯	枣阳郭家庙曹门湾1号墓墓主
春秋早期	曾侯仲子游父	京山苏家垄1号墓墓主
春秋早期	曾伯黍	京山苏家垄79号墓墓主，夫人为嫡克
春秋中期	曾公（田求）	随州枣树林墓地190号墓，公元前646年前后；夫人为嫡渔，1979年随州季氏梁春秋墓地出土季怠铜戈有"穆侯之子，西宫之孙"铭文，曾穆侯可能为其谥号
春秋中期	曾侯宝	随州枣树林墓地168号墓，夫人为嫡加
春秋中晚期	曾侯得	随州汉东东路墓地129号墓墓主
春秋中晚期	曾侯昃	曾侯昃戈出土于襄阳梁家老坟楚国墓地11号墓。其墓葬尚未发现
春秋晚期	曾侯邸	文峰塔4号墓即曾侯邸墓。曾侯邸鼎出土于随州东风油库墓地3号墓，并见于曾侯乙墓出土铜戈铭文
春秋晚期	曾侯與	随州文峰塔1号墓墓主，并见于曾侯乙墓出土铜戈铭文
战国早期	曾侯乙	随州擂鼓墩1号墓墓主。擂鼓墩2号墓墓主可能为晚于曾侯乙的曾侯
战国中期	曾侯丙	随州文峰塔18号墓墓主

参考文献

1. 徐中舒：《禹鼎的年代及相关问题》，《考古学报》1959 年第 3 期。

2. 石泉：《古代曾国——随国地望初探》，《武汉大学学报》(哲学社会科学版) 1979 年第 1 期。

3. 湖北省博物馆：《曾侯乙墓——中国田野考古报告集考古学专刊丁种第三十七号》，文物出版社 1989 年版。

4. 谭维四：《乐宫之王》，浙江文艺出版社 2002 年版。

5. 襄樊市考古队等：《枣阳郭家庙曾国墓地》，科学出版社 2005 年版。

6. 张之恒：《中国考古通论》，南京大学出版社 2009 年版。

7. 湖北省文物考古研究所，随州市博物馆：《湖北随州叶家山西周墓地发掘报告》，《文物》2011 年第 11 期。

8. 黄凤春，方勤，郭长江等：《湖北随州叶家山 M28 发掘报告》，《江汉考古》2013 年第 4 期。

9. 张昌平：《论随州叶家山西周墓地曾国青铜器的生产背景》，《文物》2013 年第 7 期。

10. 黄凤春，胡刚：《说西周金文中的"南公"——兼论随州叶家山西周曾国墓地的族属》，《江汉考古》2014 年第 2 期。

11. 黄凤春：《破解"曾国"和"随国"之谜》，《大众考古》2014 年第 7 期。

12. 方勤，胡刚：《湖北枣阳郭家庙曾国墓地》，《大众考古》2015 年第 1 期。

13. 方建军：《论叶家山曾国编钟及有关问题》，《中国音乐学》2015 年第 1 期。

14. 杨勇：《随州叶家山西周早期曾国墓地研究综述》，《中国史研究动态》2015 年第 2 期。

15. 严志斌：《叶家山曾国墓地出土半环形铜钺及相关问题研究》，《考古》2015 年第 5 期。

16. 刘波：《曾姬无卹壶铭文再探》，《文物与考古》2015 年第 4 期。

17. 方勤，吴宏堂：《穆穆曾侯——枣阳郭家庙曾国墓地》，文物出版社 2015 年版。

18. 王恩田：《曾侯与编钟与曾国始封——兼论叶家山西周曾国墓地复原》，《江汉考古》2016 年第 2 期。

19. 张懋镕：《再谈随州叶家山西周曾国墓地》，《江汉考古》2016 年第 3 期。

20. 张晓云，张博，王传富等：《湖北枣阳郭家庙墓地曹门湾墓区（2015）M43 发掘简报》，《江汉考古》2016 年第 5 期。

21. 方勤：《郭家庙曾国墓地的性质》，《江汉考古》2016 年第 5 期。

22. 谢明文：《曾伯克父甘娄簠铭文小考》，《出土文献》2017 年第 2 期。

23. 方勤，胡长春，席奇峰等：《湖北京山苏家垄遗址考古收获》，《江汉考古》2017 年第 6 期。

24. 张昌平，李雪婷，郭长江等：《湖北随州市曾侯乙墓一号陪葬坑发掘简报》，《考古》2017 年第 11 期。

25. 项章，曾庆东：《从随州出土文物看"吴师入郢，楚王奔随"史实》，《文物鉴定与鉴赏》2018 年第 5 期。

26. 方勤：《曾国历史与文化：从"左右楚王"到"左右文武"》，上海古籍出版社、文物出版社 2018 年版。

27. 方勤：《曾国历史与文化研究——以新出考古材料为线索》，武汉大学博士学位论文 2018 年。

28. 方勤：《郭家庙曾国墓地发掘与音乐考古》，《音乐研究》2020 年第 1 期。

29. 李爱民：《从曾侯與钟铭"申固楚成，改复曾疆"谈曾楚关系》，《怀化学院学报》2020 年第 4 期。

30. 方勤：《浅议回归的曾伯克父青铜器》，《文物》2020 年第 9 期。

31. 张昌平：《记回归的曾伯克父青铜器》，《文物》2020 年第 9 期。

32. 黄锦前：《曾国青铜器的最新发现与研究》，《海岱考古》2021 年第 4 期。

33. 刘武辉：《曾侯乙尊盘的审美分析》，《艺术家》2021 年第 11 期。

34. 郭长江，张博，郑文等：《湖北随州庙台子遗址西周遗存发掘简报》，《江汉考古》2022 年第 1 期。

35. 胡其伟：《试论嬭加编钟的时代与曾楚关系》，《江汉考古》2022 年第 6 期。

36. 张翔：《物华天宝 千古绝响——湖北出土音乐文物研究综述》，《文物天地》2023 年第 9 期。

37. 湖北省博物馆：《曾世家——考古揭秘的曾国》，文物出版社 2023 年版。

38. 郑港繁，李洋，江旭东等：《曾侯乙墓出土青铜礼器的铸铭工艺研究》，《中国国家博物馆馆刊》2024 年第 12 期。

✿ 后 记

1978年，在我的家乡湖北省随州市曾都区(原名随县，以下称随州市)发掘了一座2400多年前战国早期曾国国君——曾侯乙的墓葬，15000余件文物呈现在世人面前，许多都是精美绝伦的珍品。人们惊奇地发现了一个名不见经传的"曾国"，拥有高度发达的礼乐文明。曾国的历史如何？曾国与文献记载的随国是什么关系即"曾随之谜"引发学术界关注。

随后长达40多年的考古发掘中，发现有确切名号的曾侯十余位，证明曾国是一个存在于3000年前的西周早期延续至2000多年的战国中期的诸侯国，它是周王室重臣南公的封国，其职能是扼守随枣走廊这条重要的南北交通要道，控制南方铜矿资源、经略江汉地区，是一个重要的战略支点，曾国有着非常完整的世系。尤其在西周晚期到春秋早期，曾国疆域广大，实力强劲，文化发达，占据汉东、汉北乃至南阳盆地一带广袤的区域。其文化面貌和中原基本一致。这一时期的曾国极度辉煌，广交于汉淮地区的黄国、唐国、房国等诸侯国，并一度可与强大的楚国抗衡，与《左传》中"汉东之国随为大"的记载相符。

曾国文化是长江文化的重要组成部分，是考古发掘工作写就的魅力永恒的文化高地。作为社教工作者，肩负传播中华优秀传统文化的职责，笔者萌生编写《曾国故事》的想法，希望以考古发掘和研究成果为线索，带领大家层层深入了解曾国700余年的历史和辉煌灿烂的文化。

本书编写得到湖北省博物馆馆领导的高度重视。馆党委书记、馆长张晓云，馆党委副书记王先福，馆党委委员、副馆长何广与李奇，馆党委委员、纪委书记史萍多次提出宝贵意见。由钱红拟定编写大纲，然后分工撰写，一"曾国华章"由钱红执笔，二"曾随迷雾"之"迷雾初现""曾国寻踪"由冯萌、谌夏执笔，"惊世发现""曾随之谜"由谌夏、冯萌执笔；三"始封江汉"由温静执笔，四"汉东大国"由周丹执笔，五"曾国职责"之"曾随一国"由张婧、彭心贝执笔，"镇抚淮夷""金道锡行"由彭心贝执笔，六"曾随入楚"之"左右文武""曾楚结盟"由刘晓琪、张婧执笔，"文化融合"由张婧、刘晓琪执笔。钱红为全书统稿，张婧、温静收集图片并处理若干事务，极尽勤勉。书中少量图片无法确认作者，若作者发现请及时联系我们。专家杨理胜、曾攀、张翔、蔡路武等给予本书极大的帮助与支持。在《曾国故事》付梓之时，谨致以诚挚的谢意！

因水平有限、时间仓促，书中难免有疏误，望读者见谅！

钱　红

2025 年 3 月于武昌东湖之滨湖北省博物馆